聞一多詩學論稿

李子玲著

文史哲學術叢刊

文史哲出版社印行

國家圖書館出版品預行編目資料

聞一多詩學論稿 / 李子玲著. -- 初版. -- 臺北
市：文史哲，民 85
面；　公分. --（文史哲學術叢刊；11）
參考書目：面
ISBN 957-549-019-3 （平裝）

1. 聞一多 - 學術思想 - 文學　2. 聞一多 -
作品集 - 評論　3. 中國詩 - 歷史與批評 - 現
代（1900-　）
821.886　　　　　　　　　　　　85007079

文史哲學術叢刊　⑪

聞一多詩學論稿

著　　者：李　　　子　　　玲
出 版 者：文　史　哲　出　版　社
登記證字號：行政院新聞局局版臺業字五三三七號
發 行 人：彭　　　正　　　雄
發 行 所：文　史　哲　出　版　社
印 刷 者：文　史　哲　出　版　社
　　　　臺北市羅斯福路一段七十二巷四號
　　　　郵撥〇五一二八八一二　彭正雄帳戶
　　　　電話：（〇二）三五一一〇二八

定價新臺幣三〇〇元

中 華 民 國 八 十 五 年 八 月 初 版

序

　　本書旨在探討中國近代詩人聞一多(1899~1946)的詩歌理論和詩歌創作，而以這兩方面所受西方的影響爲研究的主線。換言之，本書主要是從兩方面進行研究：一研究聞氏的詩論及其所受西方的影響；二研究聞氏如何把詩論實踐在其詩歌創作中。

　　本書把聞氏的詩論和詩歌創作分爲兩個時期。我認爲：聞氏前期的詩論明顯地受了西方浪漫主義詩人的影響，這可從他的前期詩集——《紅燭》，得到印證。

　　在後期的詩論裏，聞氏除了一向強調的格律說受西方影響外，另一方面，他保留了西方浪漫主義的主觀性，同時又著重反映現實生活，形成了浪漫主義和現實主義的結合。聞氏後期的詩歌創作——《死水》詩集，具體地表現了聞氏如何在這種結合的基礎上進行創造。本書從形式、思想、感情等各方面對聞氏的詩歌進行解剖，以求看出聞氏如何調和中西、採長補短的創造精神。

　　聞氏在受西方影響方面，不一味崇洋，他一方面向西方詩人學習，另一方面則盡力保留中國傳統詩歌的特質。用他自己的話來說，他的理想是「要實現東西文化融合的寧馨兒。」聞氏的詩歌創作所受西方的影響，不限於外在的、有歷史證據的方面，也不限於表現手法，更涉及思想感情、意識形態以及創作心理等方面。因此，聞氏爲比較文學研究提供了一個範例，離開顯而易見的影響，進入更高的境界，創造自己詩的世界。

　　本書的前身，是我在新加坡國立大學中文系的碩士論文，寫成於1985年。在同一年負笈美國後，研究興趣從文學轉向語言學，也沒有繼續現代文學的研究。最近不少師長學友都鼓勵我出版這本舊作，其實，在我生命歷程中，曾用上三年研究聞先生的詩學，總稱是緣份，在這個時候出版，也稱是紀念聞先生逝世五十週年。雖然我沒有大幅度修改，卻也把1985年以來對於聞一多的研究專書加入參考書目中，希望對讀者會有一點幫助。最後借此向王潤華老師致謝，同時也要謝謝龔道運老師給予多方面的幫助和鼓勵。

聞一多詩學論稿

目　　錄

第一章　緒　論

中國在五四運動前後是受西方文化衝擊最明顯的時期，當時的知識份子大多受了中國傳統的教育，同時又面對西方文化的震盪，在傳統與現代之間，在中學和西學之間，許多人都有彷徨失措、茫然無所適從之感。這是中國知識份子面臨的前所未有的文化危機[1]，於是有的知識份子主張全盤西化[2]，有的則排斥西洋文化。[3]總之，他們在有意無意的情形下須要確定自己對西方文化所持的立場。[4]雖然五四時期離開現在已經超過了半個世紀，但是今日的中國知識份子仍然面對著中華傳統文化和西方文化之間衝突與調和的問題。因此，研究五四時期的知識份子受西方影響的情形，觀察他們如何在兩個文化間作取捨和調整的同時，也能讓我們更全面地了解今日中國知識份子所處的地位，更實際地去思考這個問題。所以，研究五四時期知識份子對西方文化的挑戰和反應，對現代中國人來說，便有著重大的意義。

本書選擇了五四時期的一位著名的知識份子作為研究的對象。雖然，要從研究一個人去認識當時的一般情形，難免掛一漏萬，但是，由於知識份子往往對時代的挑戰有更敏銳的反應，他們大體上能反映當時的情形。[5]聞一多便是一個典型的例子。[6]他自小生長在舊式的中國家庭，接受傳統式的教育。少年時，他的父親便把他送進清華學校讀書。由於這是一所留美的預備學校，聞一多在這裏開始接觸到西洋的藝術和文學，打開了他對西方文化

的眼界。聞一多在清華有十年之久，在這裏他開始寫新詩。清華
學校畢業後，他赴美留學，親身體驗西方社會和文化。他在美國
學習西洋藝術和西洋文學。這些西方的影響使他對新詩的創作和
欣賞有自己一套的看法，同時也提出改革舊詩的意見。[7]聞一多
歸國後不久，便從新詩的創作活動轉而專心研究古典文學 [8]，
他不隨從中國研究古典文學的傳統方式[9]，而敢於採取西方的理
論和分析的方法來研究舊文學。他對朋友說：「中國的文學浩如
烟海，要在研究上有點成績，必須學習西洋人治學的方法，先挑
選一兩個作家來研究，或選定一個時代來研究。」[10]因此，他
對《詩經》[11]、《楚辭》[12]、中國神話等的研究有許多新的見
解。聞一多向來雖關心社會問題，對政治卻不感興趣。但在他生
命的後期，他爲現實情況所逼，不得不從書堆中走出來仗義發言。
[13]他要求當時的政府走向民主的道路，顯然與他所受的西方教
育有關係。從上可知，聞一多生命中的三個層面──詩人、學者
和政治人物，都與他早年所受的西方教育分不開。聞一多不主張
全盤西化，而非常重視保有中國的傳統，但他不認爲中國應該閉
關自守。他指出中國在文化上一向只是「勇於『予』而不太怯於
『受』」，這樣是不會進步的。他認爲，中國對別的文化要眞正
地勇於「受」，才能做文化的主人而促進社會的進步。[14]由此
可見，聞一多是自覺地向別的文化，包括西方文化學習的。他本
著自己固有的傳統，勇敢地向西方學習，以期在新文化上獲得更
豐富的內容和達到更高的境界。

　　聞一多認爲世界主要文化猛進的開端都表現在文學上。[15]
他也自覺到在他那個新時代的文學動向中，最值得揣摩的，是新
詩的前途。[16]所以本書探討聞一多所受西方的影響便集中在他

的詩論和新詩的創作上。[17]聞一多不單是詩人，他也為新詩提供了不少的意見。因此，他便兼有理論與實踐。[18]為了配合理論與實踐的研究，本書也分兩個部份：一聞一多詩論及其所受西方的影響，二他如何在新詩創作中，實踐他的理論，從而看出他的新詩所受西方的影響。聞一多出版了兩部詩集：《紅燭》（出版於1923年9月）與《死水》（出版於1928年1月），這兩部詩集在內容和表現手法上都有不同的地方。因此，本書便把《紅燭》時期（1919年—1923年9月）的詩論和創作稱為前期，把《死水》時期(1923年9月—1931年)[19]和以後(1932—1946)所寫的詩論和創作稱為後期。在後期中，又劃分為兩個階段。後期中只有第一階段有創作和詩論相印證，在第二階段則只有詩論而幾乎沒有創作，所以後期的第二階段不能算是完整。

　　本書第二章介紹聞一多的生平，尤其著重探討他一生與西方文化的關係。第三、四章分別研究聞一多前期和後期的詩歌理論，及其受西方影響的情形。第五、六章分別研究聞一多如何在《紅燭》和《死水》的創作中實踐他前期和後期的理論，從中看出他的創作受西方影響的具體情形。第七章總結聞一多兩期的詩論和創作受西方影響的特徵，以便看出聞一多在兩個文化間所持的態度。本書的中心論題雖然是研究聞一多的詩歌理論和詩歌創作所受西方的影響，但同時也注意到聞一多對中國傳統詩論所持的態度。[20]聞一多是融合了中西的詩歌理論以及從事新詩的創作的。

　　本書在寫作過程中，從前人的研究成果固然獲益不淺，但在另一方面，也看出它們的局限所在。以下將按各家研究聞一多所撰著述的出版先後，擇要地加以介紹：

一、王 康

王康在1947年（即聞一多逝世的第二年），以史靖的筆名發表了《聞一多的道路》。[21]接著，他在1958年和1979年分別出版了《聞一多》[22]和《聞一多傳》[23]兩書。在1982年，又出版了一本小冊子《聞一多的故事》。[24]其中較有份量的是《聞一多傳》。據說，王康不但是聞氏的學生，也是他的同鄉和親戚，所以對聞氏一生的事迹相當熟悉。可惜《聞一多傳》這本傳記所述聞一多的事迹多流於傳說，而缺少可靠的文獻以資證明。它還具有濃厚的政治色彩，主觀性也相當強。

二、勉 之

勉之在1949年出版的《聞一多》[25]，是敍述聞一多生平最早的一本書之一，此書在敍述時相當客觀，但學術性不濃。

三、許芥昱

許芥昱於1958年發表了一篇關於聞一多的生平與詩歌創作的單篇學術論文：《聞一多的生平與詩歌創作》（ The Life and Poetry of Wen I-to）。[26]他在1959年在美國史坦福大學寫了一篇研究聞一多的博士論文，題目是《中國新詩人聞一多(1899-1946)的思想傳記》(The Intellectual Biography of A Modern Chinese Poet: Wen I-to[1899-1946])。[27]這本論文於1980年由作者改寫後，以《聞一多》(Wen I-to)為書名出版。[28]此書又於1982年由卓以玉譯成中文，題目是《新詩的開路人——聞一多》。[29]許氏曾對聞一多一生的思想作深入的研究，所以他的這本書

是研究聞一多不可或缺的參考書。我從該書獲益不少，尤其是英文本的附注和書目更提供了寶貴的資料。由於許氏的這本書著重於研究聞一多一生的思想，雖然文中偶然提及聞一多的詩論和創作受西洋文學的影響，但未作進一步的研究。

四、梁實秋

梁氏寫的《談聞一多》一書在1967年出版。[30]他是聞一多在清華學校時的同學，他們兩人在美國也一齊上過英美詩歌的課，所以梁氏對聞一多留美時的生活情況相當清楚。《談聞一多》這本書提供了聞一多的第一手資料。書中雖然也略提到聞一多的詩歌受西洋詩人的影響，但只是浮光掠影，沒有進一步的說明或分析。這本書只是談「抗戰前的聞一多，亦即是詩人學者之聞一多」，沒有涉及「鬥士之聞一多」。[31]

五、林・朱麗葉(Julia C. Lin)

林氏寫的《中國新詩導論》（*Modern Chinese Poetry: An Introduction*）[32]在 1972 年出版。該書以聞一多為「格律派」(Formalist)的代表之一。林氏嘗試研究聞一多詩中的文學技巧，並提及聞詩與中國傳統詩學及西洋文學的關係。該書雖然篇幅短小，結構也不很嚴謹，但她在這方面的研究給了我一些啟示。

六、林曼叔

林曼叔的《聞一多的研究》在1973年出版。[33]書中除了介紹聞一多的生平事迹以外，也嘗試研究聞一多的詩、文藝思想、治學精神及歷史觀。這本書雖屬一般性論著，卻能啟發讀者進一

步地去研究聞一多。

七、梁錫華

梁錫華編了一本《聞一多諸作家遺佚詩文集》[34]，該書在1979年出版，提供了前所未有的資料，他後來以聞一多詩中一主題寫了一篇文章：《愛——聞一多詩歌中的一個主題》。[35]此文發表於1982年。文末略提聞詩所受到的一些影響。

八、劉 烜

劉烜在1983年出版的《聞一多評傳》，可稱是八十年代一部有關聞一多的巨著。[36]劉氏除了敘述聞一多的生平事迹外，還介紹和評論聞氏的著作以及他的各方面思想。劉氏為了寫這本書，曾作了大量的調查研究工作，搜集了公開發表的有關聞一多的文章，閱讀了聞一多尚未出版的手稿，訪問聞氏的家屬、親友和學生等。[37]因此，這本書提供許多聞一多未發表的文章、書信等。雖然這些資料並不齊全，但卻是研究聞一多的第一手材料。總的來說，這本書的敘述成份比評析的成份來得高。劉烜在1979年也發表過《論聞一多的新詩》一文[38]，1980年發表《聞一多的政治觀、藝術觀、歷史觀》一文[39]，都是中國現代研究聞一多所少見的文章，但文中仍有些主觀的論點。此外，劉氏在1981年也發表了《聞一多的集外詩》[40]和《聞一多的手稿》[41]兩篇文章，二文中提到他正在籌劃修訂、增補《聞一多全集》的工作。[42]劉氏可稱是最近中國大陸研究聞一多的熱心學者之一。

此外，研究聞一多的論文還有：黃盛發在1969-70所寫的法文碩士論文《聞一多的生平及其詩歌》(Wen Yiduo, Sa Vie et

SON OEUVRE POETIQUE)[43]；Cheng Chi-Hsien在1971年完成的法文博士論文：《死水：聞一多（1899-1946）的詩歌創作》（Eau Morte: I' Oeuvre Poetique de Wen Yi-duo (1899-1946)[44]；邵玉銘（Shaw Yu-Ming）在1974年用英文發表的學術論文：《聞一多：一位近代中國知識份子早年的生活與創作（1899—1933）》(Wen I-to:The Early Life and Writings of a Modern Chinese Intellectual,from 1899 to 1933)[45]；戈夫爾（John Garver）在1980年發表的博士論文：《聞一多：中國知識份子的意識形態和認同之產生》（ Wen I-to: Ideology and Identity in the Genesis of the Chinese Intelligentsia)。[46]談聞一多詩論的單篇論文還有烏伯萊（Patricia Uberoi）的《聞一多詩中的節奏技巧》(Rhythmic Techniques in the Poetry of Wen I-to) [47]以及董楚平的《從聞一多的〈死水〉談到格律詩的問題》等。[48]這一類的學術文章不多。魯非凡尼在1982年出版的《聞一多作品欣賞》[49]，則屬於敍情咏嘆的析賞；時萌在同一年出版的《聞一多與朱自清論》[50]，散論聞一多的生平、詩歌藝術、治印等，屬於一般性的討論；楊景祥、李培澄在1983年發表的《評聞一多的文藝觀》一文[51]，論及聞一多的美學思想和詩歌主張等，較有參考價值。

除了以上所提到的專書與論文外，聞一多當時的朋友和學生，如朱自清[52]、朱湘[53]、郭沫若[54]、臧克家[55]、熊佛西[56]、顧一樵[57]和羅念生等[58]，他們所寫有關聞一多的文章都很有參考的價值。三聯書店在1980年出版的《聞一多紀念文集》一書，也收集了不少這類文章。

以上所述前人的研究著作，不難看出其中很少涉及聞一多的

詩論或分析他的詩論如何受西方的影響。研究他如何把理論實踐在新詩創作中的文字也少見。至於研究聞一多的新詩創作受西方影響的著作，則少有作深入的探討和舉例說明的。總之，所有討論聞一多在詩論和新詩創作受西方影響的著作，多半空泛地指出聞一多前期受到西方浪漫主義的影響，但是卻沒有具體地分析聞一多如何從前期偏重浪漫主義的色彩，過渡到後期對現實主義的偏重；更談不上論證聞一多在西方美學思想的影響下，如何自覺地調和浪漫和現實主義的衝突。本書的初步研究，正擬彌補上述的缺陷。同時，本書所作「影響研究」的目的，也在於希望從更平衡、更全面以及更正確的角度去認識一位作家。[59]

【註釋】

[1]參考Chow Tse-tsung, *The May Fourth Movement: Intellectual Revolution in Modern China* (Cambridge, Mass.: Harvard University Press, 1960), pp. 58-72, 327-332; Hu Shih, *The Chinese Renaissance* (New York: Paragon Book Reprint Corp., 1963), p. 1.

[2]參考胡適《充份世界化與全盤西化》，見《胡適學術文集‧第一集‧胡適論學近著》（上海，1935。香港三達出版社重印），頁558-561。

[3]參考梁漱溟《中國民族自救運動之最後覺悟》（北平：京城印書局，1932），頁102-141；《東西文化及其哲學》（上海，1930。香港太平洋公司重印），頁114-138。

[4]參考Y. C. Wang, *Chinese Intellectuals and the West 1872-1949* (Chapel Hill:The University of North Carolina Press, reprinted by Taiwan: Rainbow-Bridge Book Co., 1971), pp. 306-361.

[5]參考Y. C. Wang, *Chinese Intellectuals and the West 1872-1949.*

pp. 378-421.

[6]參考Hsu Kai-yu, "The Life and Poetry of Wen I-to," *Harvard Journal of Asiatic Studies*. Vol. 21 (1958), p. 134.

[7]參考Bonnie McDougall, *The Introduction of Western Literary Theories into Modern China (1919-1925)* (Tokyo: The Centre for East Asian Cultural Studies, 1977), pp. 63, 64, 66; Bonnie McDougall, "The impact of Western Literary Trends," *Modern Chinese Literature in the May Fourth Era*. ed. Merle Goldman (Cambridge, Mass.: Harvard University Press, 1977), pp. 46-49.

[8]參考朱自清《中國學術界的大損失──悼聞一多先生》,見《標準與尺度》(上海:文光書店,1948),頁6-12;《聞一多先生怎樣走著中國文學的道路》,見《文學雜誌》,卷2期5(1947年10月),頁6-15;《聞一多先生與中國文學》,見《國文月刊》,期46(11946年8月20日),頁1。

[9]郭沫若《論聞一多作學問的態度》,見《歷史人物》(香港:大千出版社,1952),頁312-323。

[10]見熊佛西《悼聞一多先生》,見《聞一多紀念文集》(以下簡稱《紀念文集》)(北京:三聯書店,1980),頁74。

[11]見費振剛《聞一多先生的詩經研究──爲紀念聞一多先生八十誕辰作》,見《北京大學學報·哲學社會科學版》,期5(1979年),頁58-66。

[12]他對《楚辭》的研究曾經寫成《楚辭校補》〔見郭沫若、朱自清、吳唅、葉聖陶等編《聞一多全集》(以下簡稱《全集》)(香港:南通圖書公司出版部,1978),集乙,頁341-495〕一書,受到國際的重視,英國著名漢學家 David Hawkes 在他所著《楚辭:南方的歌》*Ch'u Tz'u: The Songs of the South* (Boston: Beacon Press, 1962),就曾經大量引用聞一多的意見,見該書頁184, 189-190, 192-195, 198-206, 209-

210。他也在序中感激聞一多對他的啓示。

[13]參考Y. C. Wang, *Chinese Intellectuals and the West 1872-1949*. pp. 415-419. 關於當時的知識份子被政治團體利用的情形，參考 Jerome B. Grieder, *Intellectuals and the State in Modern China* (New York: The Free Press, 1981), pp. 326-350.

[14]《文學的歷史動向》，見《全集·甲》，頁206。

[15]同上，頁201。

[16]同上，頁205。

[17]聞氏的詩論涉及舊詩的範圍，但他的詩歌創作主要是新詩，爲配合理論與實踐的統一，本書對聞氏詩論的研究，大體偏重於新詩方面。

[18]見林曼叔《聞一多研究》（香港：新源出版社，1973），頁96。

[19]聞一多在1931年寫了《奇迹》〔見周良沛編《聞一多詩集》（以下簡稱《詩集》）（成都：四川人民出版社，1984），頁340-342；亦見梁錫華編《聞一多諸作家遺佚詩文集》（以下簡稱《佚詩》）（香港：香港文學研究社，1979)，頁47-48〕一首詩之後，便很少寫詩，我把這首詩附在聞一多詩歌創作後期的第一階段。

[20]如果根據比較文學的傳統影響研究，它的範圍未免太狹窄，如 René Wellek所說：「他們企圖把比較文學縮小成研究文學的『外貿』，無疑是不幸的……，這種狹隘意義上的比較學者，只能研究一部藝術品，因爲沒有一部作品可以完全歸結爲外國影響，或爲只對外國產生影響的一個輻射中心。」見所著"The Crisis of Comparative Literature," *Concepts of Criticism* (New Haven and London: Yale University Press, 1963), p. 283.

[21]史靖《聞一多的道路》（上海：生活書店，1947），171頁。

[22]史靖《聞一多》（武漢：湖北人民出版社，1958），171頁；在1978年重

版時易名為《聞一多頌》（湖北：人民出版社，1978），99頁。

[23]王康（史靖）《聞一多傳》（香港：三聯書店，1979），457頁。

[24]王康《聞一多的故事》（按：這本小書是根據《聞一多的道路》一書排印，有所刪節）（香港：萬源圖書公司，1977），94頁。

[25]勉之《聞一多》（香港：新中國書局，1949），95頁。

[26]許芥昱(Hsu Kai-yu) "The Life and Poetry of Wen I-to," *Harvard Journal of Asiatic Studies*. Vol. 21 (1958), pp. 134-179.

[27]Hsu Kai-yu, "The Intellectual Biography of A Modern Chinese Poet: Wen I-to (1899-1946)" (Ph. D. dissertation, Stanford University, 1959), Xerox copy by Ann Arbor, Michigan, University Microfilms, 1983, 204pp.

[28]Hsu Kai-yu, *Wen I-to* (Boston: Twayne Publishers, 1980), 247pp.

[29]許芥昱著，卓以玉譯《新詩的開路人──聞一多》（以下簡稱《聞一多》）（香港：波文書局，1982），203頁。

[30]梁實秋《談聞一多》（台北：傳記文學出版社，1967），121頁。

[31]同上，頁2。

[32]Julia C. Lin, *Modern Chinese Poetry: An Introduction* (Seattle and London: University of Washington Press, 1972), pp. 75-100.

[33]林曼叔《聞一多研究》，156頁。

[34]梁錫華編《佚詩》，228頁。

[35]黎樹添等編《馮平山圖書館金禧紀念論文集》（香港：香港大學馮平山圖書館，1982），頁212-240。

[36]劉烜《聞一多評傳》（北京：北京大學出版社，1983），394頁。

[37]同上，見聞家駟序。

[38]劉烜《論聞一多的新詩》，見《北京大學學報·哲學社會科學版》，期

5（1979年），頁47-57。

[39]劉烜《聞一多的政治觀、藝術觀、歷史觀》，見《新文學論叢》，期3（1980年），頁165-183；期4（1980年），頁166-178。

[40]劉烜《聞一多的集外詩》，見《北方論叢》，期4（1981年），頁50-55。

[41]劉烜《聞一多的手稿》，見《讀書》，期6（1979年），頁103-111；期7（1979年），頁133-140。

[42]劉烜《聞一多的集外詩》，頁55；《聞一多的手稿》，頁140。

[43]黃盛發(Ng Seng Huat)《聞一多的生平及其詩歌》"Wen Yiduo, Sa Vie et SON OEUVRE POETIQUE" (Masters dissertation, University of Paris, 1969-1970), 65pp.

[44]Cheng Chi-Hsien,《死水：聞一多（1899-1946）的詩歌創作》"Eau Morte: I' Oeuvre Poetique de Wen Yi-duo (1899-1946)" Paris VII, 1971 (Doctorat de 3e cycle).

[45]邵玉銘(Shaw Yu-Ming), "Wen I-to: The Early Life and Writings of a Modern Chinese Intellectual, from 1899 to 1933", (Unpublished paper, University of Notre Dame, 1974), 111pp.

[46]John Garver, "Wen I-to: Ideology and Identity in the Genesis of the Chinese Intelligentsia" (Ph. D. dissertation, Pittsburgh University, 1980) Xerox copy by Ann Arbor, Michigan, University Microfilms, 1983, 200pp.

[47]Patricia Uberoi, "Phythmic Techniques in the Poetry of Wen I-to" *United College Journal*. VI (1967-1968), pp. 1-25.

[48]董楚平《從聞一多的〈死水〉談到格律詩的問題》，見《文學評論》（1961年8月6日），頁74-84。

[49]魯非凡尼《聞一多作品欣賞》（廣西：人民出版社，1982），161頁。

[50]時萌《聞一多與朱自清論》（上海：上海文藝出版社，1982），185頁。

[51]楊景祥、李培澄《評聞一多的文藝觀》，見《中國現代文學研究叢刊》，輯3（1983年），頁185-205。

[52]見《全集·朱序》，頁13-23。

[53]朱湘《評聞君一多的詩》，見《中書集》（上海：生活書店，1934），頁328-357；《聞一多與〈死水〉》，見《文藝復興》，卷3期5（1947年），頁527-530。

[54]見《全集·郭序》，頁1-11。

[55]臧克家《聞一多先生的藝術創作》，見《美術》（1978年4月），頁9-11；《聞一多的詩》，見《新華半月刊》，XCI（1956年9月21日），頁145-150；《聞一多先生詩創作的藝術特色》，見《詩刊》，期4（1979年），頁77-84；《海———多先生回憶錄》，見《文藝復興》，卷3期5（1947年），頁 536-538；亦見《佚詩》，頁204-210。

[56]熊佛西《悼聞一多先生》，見《紀念文集》，頁70-77。

[57]顧一樵《懷故友聞一多先生》，見《文藝復興》，卷3期5（1947年），頁532-535；亦見《佚詩》，頁211-219。

[58]羅念生《死水的枯涸》，見《文藝雜誌》，卷1期2（1931年），亦見梁錫華編《佚詩》，頁164-166。

[59]參考Lilian Furst, *Romanticism in Perspective: A Comparative Study of Aspects of the Romantic Movement in England, France and Germany* (London, 1969), p. 277.

第二章　聞一多的生平

一、童年——舊學的基礎

　　聞一多在1899年10月24日生於湖北浠水下巴河鎮的陳家嶺。[1]閩氏是書香世家，祖父喜歡搜羅群書，重視子孫的教育，請名師教讀孫輩。父親是個晚清秀才，詩詞歌賦，無一不能，並時常親自向子弟講解四書五經、八股對策，並要他們背誦。[2]閩一多在祖父的薰陶及父親嚴厲的管教之下，打下了舊學的基礎。

　　聞一多六歲時入塾，讀的是《三字經》、《幼學瓊林》、《爾雅》和《四書》等傳統書籍；在家又跟父親讀《漢書》，常把學塾中學到的歷史知識引來和《漢書》比較。父親甚為贊許，從此每天給他講述《漢書》中的名人言行故事。[3]在祖父和父親的督促之下，聞一多自懂事的年齡開始便與書本結了不解之緣。封建的書香世家使聞一多成為一個拘謹、安靜，酷愛書本的老成少年，大得長輩獎賞，卻遭友輩疏遠。他自小耐得住寂寞，新年的龍燈、花轎都勝不過書本的吸引力。[4]有一次，他在園中看書，有蜈蚣爬上身，別人著急地替他趕走，他竟然怪他們打擾他看書。[5]

　　聞一多自小也對美術感興趣，常要大姑母剪紙花樣給他玩。武昌起義時，他還畫過成套的革命故事。聞一多對歷史、文學和美術的愛好，從兒時便可覺察出來。[6]

　　七歲那年，他父親聘請了一位受過新式教育的師塾老師來家

課讀，於是在聞一多的課程中增加了一些歷史、倫理課、自然科學等等。這就是聞一多接觸已在中國萌芽的新思想的開始。[7].

十一歲時，聞一多去武昌的兩湖師範高等小學校讀書。[8]在那裏，他有機會接觸到更多從西方引來的新知識和新思想，尤其是對梁啓超(1873-1929)的見解和才華十分欽佩。[9]

1921年，北京清華學校在鄂招生。聞父便替聞一多報考[10]，當年聞一多就離開保守的家庭環境，開始清華園的新生活。

二、清華──新學的吸收

清華學校是留美預備學校，所以學風比較西化。[11]校園裏的許多思想和生活，都是聞一多在湖北家鄉聞所未聞的。

由於英文的底子不好，聞一多進入清華的第一年便因爲英文不及格而留級一年。但正因如此，使他對學習英文更爲努力。經過一番嚴格的訓練之後，不但他的英文程度日益提高，而且對英國文學的興趣倍增，尤其深受十九世紀浪漫詩人所吸引。

除了對西洋文學發生濃厚的興趣之外，聞一多在藝術上也有進一步的發展。根據比他低兩班的梁實秋的記載，聞一多在清華時期所畫的圖畫是非常突出的。在Miss Starr的圖畫教室牆上常有T. Wen署名的作品，這些作品包括炭筆畫和水彩畫。此外在清華周刊中有不少聞一多的圖案設計和畫作。[12]

在他接受西洋畫、西洋文學的新灌漑的同時，他從幼時就培養出來的對中國古典書籍的興趣也並沒有減退。他不但還在讀傳統的舊詩詞，同時認爲中國的古籍，如四書、五經裏實在保存著一些永遠不變的眞理。就這一點而言，聞一多的確和同時期的許多青年學者不一樣，他們要不是反對傳統，就是一味排外。聞一多批

評當時維新的人物，指出他們的錯誤在於一味崇洋，而忽略了中國的古典學術，以致校中的中文課程變成了聊備一格而已。[13]

聞一多十九歲時曾寫過一篇自傳，認為自己「所見獨不與人同，而強於自信，每以意行事，利與鈍不之顧也。性簡易而慷爽……。好文學及美術，獨拙於科學，亦未嘗強求之。」他認為「物有所適，性有所近，必欲強物以倍性，幾何不至抑鬱而發狂疾哉！」[14]可見其個性的倔強，其見解的獨立，對他日後所作所言都已現出端倪。

在習書畫方面，聞一多說他「不拘拘於陳法，意之所至，筆輒隨之，不稍停云。」[15]從這段文字又可見其天才的成份和浪漫的氣質。

1919年5月4日後來所稱的「五四運動」在北京城內爆發，清華立即響應。這個運動包括了愛國和新文化運動。學生在學校裏鬧風潮，形成一股龐大的潮流。聞一多也熱心參與這愛國運動，卻不是公開的領袖。他撰通電、寫宣言、製標語，做的是文書的工作。[16]他曾在夜裏把岳飛的《滿江紅》一詞抄在一張大紅紙，貼在學校飯堂的門上。[17]第二天大早，清華的學生都看見了。聞一多本性好靜，喜歡寢饋於詩歌藝術之中，不喜歡擾攘喧囂的場面。但是情感爆發起來，正義感受了刺激，也會廢寢忘食地去幹。不過不站出來作領導人，而且一旦發洩之後，他會很快地又歸於平靜。[18]

然而，五四運動使清華的空氣轉變，激揚了聞一多的愛國情緒，使他對清華西化的趨勢很不滿意，對中國舊傳統的價值也開始打折扣，甚至於他的寫作也開始由古文轉向白話文。[19]

聞一多的內心矛盾開始發展，一方面他逐漸地接受更多西方

的文學批評、美學原理和別的新思想。另一方面，因爲五四運動的衝擊，使他更加興起了感時憂國的心，因而對西方文化的某些方面起了反感。[20]

當時的清華成爲無政府狀態的煙、酒、女人與靡靡之音的世界。聞一多在《美國化的清華》[21]一文中表現他對學校的失望。他說根據他十年清華的經驗，可以說美國的文化不值得學習。美國文化自誇是物質的發達，經濟上的成功，可是卻是平庸的、膚淺的、虛榮的、浮燥的、侈華的。它只是物質的昌盛、個人的發達。美國的個人是很平庸的(mediocrity)。他們最高的理想不過是想當個庸碌的老好人(A very good fellow)。美國群衆所表現的又是盲目的衝動(mob spirit)。反過來，他又贊美東方的文化是生活方式中最理想的。

在清華十年中[22]，聞一多最活躍的是在文學方面，特別是對新詩的創作和研究。他曾和梁實秋等組織「清華文學社」，對新詩的創作幾乎達到了狂熱的地步。[23]自從他二十二歲那年發表了他第一首詩《西岸》[24]，就不再用舊詩詞的形式寫詩，而從事新詩的創作。《紅燭》中大部份作品都是在這個時候寫成的。他很欣賞濟慈(John Keats, 1795-1821)的《夜鶯頌》(Ode to a Nightingale)和柯爾律治(Samuel Taylor Coleridge, 1772-1834)的《忽必烈汗》(Kubla Khan)。[25]在詩歌理論方面，他用英文寫了《詩的音節底研究》(A Study of Rhythm in Poetry)。[26]他不佩服胡適之的詩及他對詩的見解，對於俞平伯及其他人所鼓吹的「平民風格」尤其不以爲然。他注重的是詩的藝術、詩的想像、詩的情趣，而並非詩與平民大衆的關係。他在這時期對於詩歌的見解，我們在下一章再詳細敍論。

　　值得一提的是1921年夏，北京爆發了教師「索薪」鬥爭。清華同學激於義憤，決定實行「同情罷考」。學校當局以「開除學籍」相威脅，但聞一多和一些同學的鬥爭更堅決。校方被迫讓步，以「留級一年，推遲出洋」爲處罰。[27]從這件事，足見聞一多正義感的堅強。他認爲對的事，便毫不妥協地去作，儘管不是切身的事、儘管危害到自己的利益，他依然咬緊牙根而堅守立場。

三、留美──矛盾的經驗

　　聞一多在1922年春，承父母之命回家和姨妹高孝貞女士[28]結婚。高女士也是舊式大家庭出身，粗識文字，一直生活在家鄉的小環境裏。聞一多接受父母要他完婚之命，卻反對跪拜，只行鞠躬之禮；新婚前夕，又「握卷不即出」，促之方禮成。[29]聞一多在清華接受新思想後，還儘量遵守傳統對他的要求，在心情上的矛盾是可想而知的。

　　同年七月，即婚後三四個月，聞一多帶著無可奈何的心情出國，這不是因爲他不喜歡美國，而是因爲他更喜歡中國。但在朋友的勸說之下，他毅然決定乘風破浪，以期一開眼界。

　　聞一多到美國留學，唸的是藝術課程。1922年8月，他進入芝加哥藝術學院。芝加哥是工業城市，人多、擁擠、嘈雜、冷酷，使他很難適應。[30]

　　在芝加哥，他雖然學的是藝術，卻按捺不了他對詩歌的興趣。他參加了芝加哥的「文人俱樂部」(The Arts Club)，認識了女詩人洛威爾(Amy Lowell，1874-1925)。後來又見了桑德堡(Carl Sandburg，1878-1967)。[31]他對於當時美國流行的「意象派」(Imagism)的新詩運動發生興趣，特別喜愛擅於細膩描寫的弗來

琪(John Gould Fletcher, 1886-1950)的作品。[32]在他寫給朋友的信裏，充滿了對詩歌創作的激情。他常常提到：拜倫(George Gordon Byron, 1788-1824)、雪萊(Percy Bysshe Shelley, 1792-1822)、濟慈、丁尼生(Alfred Tennyson, 1809-1892)、杜甫和陸游。他也想「繼續」對「唐代六大詩人的研究」。[33]這時的聞一多發現自己不應當作一個西方的畫家，認爲自己學西畫只爲了作美術批評家，而且希望作藝術的宣道者，不是藝術的創作者。[34]可見新環境使他對自己有更深的了解，漸漸地感覺出詩興究竟是比畫興來得濃。

　　聞一多在芝加哥的日子裏能和他談詩論畫的沒有什麼人，他實在耐不了芝加哥的孤寂，於是到科羅拉多溫泉（簡稱珂泉）(Colorado Springs)和他志同道合的梁實秋一齊學習。[35]聞一多因爲臨時請求轉校，所以只能入珂大(Colorado U.)的藝術系爲特別生。他如果補修數學課程，就可以作正式生。但他覺得性情不近數學，何必勉強學它，凡事皆以興趣爲依歸，故始終沒有獲得正式大學畢業的資格。[36]這樣的作法令人想起他在少年寫自傳時，講到自己性情的一段文字：「物有所適，性有所近，必欲強物以倍性，幾何不至抑鬱而發狂疾哉？」聞一多作事一貫隨心所欲，要求性情的眞摯，除非有眞切的感受，不然就不作，因此作風常顯得浪漫。

　　聞一多在珂泉一年對他一生有很大的影響，無論在藝術或文學方面獲益之多，遠超過他在芝加哥或以後在紐約一年之所得。對於英詩，尤其是近代詩，他獲得了系統的概念及入門的知識，因爲他除了上藝術系的課之外，還和梁實秋選修「丁尼生與布朗寧」(Tennyson and Browning)及「現代英美詩」兩門課。他們

一同上課、學習和研討。[37]這對於聞一多的學問是一大轉捩點，因為從此他對文學的興趣日益加濃，對於美術則益發冷淡了。[38]

　　但是毫無疑問的，西洋繪畫也對聞一多的藝術生命有著相當影響，甚至他這段時期創作的詩歌和對詩歌的批評，都不能擺脫西洋藝術的影響。聞一多對西班牙的畫家未拉斯奎（Diego Ro-briquez de Silva Velasquez, 1599-1660)的作品頗感興趣。他畫的人物幾乎全是面如削瓜，猙獰可怖，可是氣氛非常厚重而深沉。他也愛梵谷(Vincent Willem Van Gogh, 1853-1890)畫中那份熾盛的情感。聞一多的畫是走印象主義的路子。[39]這與他敢於面對人生醜惡的一面，敢於以眞摯的感情去體會醜惡中的痛苦，並把這種感受的結晶用詩歌印象式地表達出來不是沒有關係的。

　　聞一多在一次畫展中沒有贏得預期的報酬，十幾幅畫中只有一幅獲得了金星。這個沉重的打擊，堅定了他放棄學畫的決心。學畫除需要天才與苦功之外，還需要有深厚的民族歷史的背景所孕育出來的一種氣質。像聞一多這樣一個民族氣息極為濃烈的中國人學西洋畫總有隔閡。至於他當初為何選擇學習西洋畫而不學習中國畫，更是令人費解。也許是從清華到美國的教育環境裏都沒有中國畫的課程，朋友裏更沒有中國畫家。另一個原因是他太愛文學，擱下畫筆便從事文學的研究與創作，從沒有想到在六法上一試身手。他寫信給弟弟時曾說：

> 中國人賤視具形美術，因為我們說這是形式的，屬感官的，屬皮肉的。我們重心靈，故曰五色亂目，五聲亂耳，這種觀念太高，非西人（物質文化的西人）所能攀及。
>
> 我現在著實懷疑我為什麼要學西洋畫，西洋畫實沒有中國畫高。我整天思維不能解決。[40]

　　在英詩方面，聞一多也得到很多啓示。根據梁實秋的看法，聞一多受了丁尼生、布朗寧(Robert Browning, 1812-1889)、豪斯曼(Alfred Edward Housman, 1859-1936)、吉卜林(Rudyard Kipling, 1865-1936)等的影響，而且這些影響也反映在《死水》裏。[41]

　　聞一多在珂泉的生活是快樂的，但有幾件事情的發生激發了聞一多的愛國情緒。當一位中國同學去理髮時，理髮師居然拒絕服務。又有一次學校舉行畢業典禮時，按照一般習慣，畢業生都男女成對地排隊進出禮堂，但到了中國學生出現時，美國女生不願意跟他們排隊。當時，校中的學生在一份刊物上發表了一首跟中國人開玩笑的詩，題目是The Sphinx。作者說中國人的面孔活像人首獅身謎一般的怪物，整天扳著臉，面部無表情，不知心裏想的是什麼事。梁實秋和聞一多各回了一首詩。[42]聞一多所答的詩裏暗示中國文化的高深，絕非那些「不會浮想」，「整天奔忙，急躁」的美國人所能了解的。這首詩的功力雄厚，詞藻丰贍，諷刺性也頗明顯，替中國同學出了一口氣。

　　一年以後，聞一多離開珂泉去紐約。他在一所紐約藝術學院註冊，還是繼續學畫。但是事實上，他這一年沒有好好地上課。他參加了那裏的「藝術學生同盟」(Art Student League)，和熊佛西、余上沅等人搞戲劇活動，他們排演《琵琶記》。他又把楊貴妃的故事寫成一個英文劇。他懂美術，長於繪畫，許多戲劇刊物的事需要他一手包辦。這時他自己說「畫興不堪問，詩興偶有，苦在沒有工夫執筆，倒是戲興很高。」[43]

　　美國戲劇家奧尼爾(Eugene O'neil, 1888-1953)刺激了聞一多和他的朋友。他們想組織一個中國戲劇改良社來整頓中國的戲

劇。[44]這時搞文學、戲劇的朋友等都在身邊，大家便開始辦戲劇刊物，後來卻變成綜合性的。他在這雜誌裏介紹了歐美的文藝：惠特曼（Walt Whitman, 1819-1892）的詩、塞尙（Paul Cezanne,1839-1906)的畫和辛格(John Millington Synge,1871-1909)的戲劇。他們把文化的國家主義作爲刊物的中心思想。因爲他們認爲此時國家正面臨文化被人征服的禍患，而這個禍患是比在政治、經濟上被人征服更甚的。[45]

　　聞一多當時與十來個朋友交換政治理想：希望提倡國家主義以鼓動國人抵禦外侮；提倡民主來改良政治體系，反抗軍閥；提倡由政府領導經濟的發展，讓中國現代化、工業化來對抗共產主義。聞一多不是研究政治經濟的人，他是一個重感情的人，在國內面對著那種腐敗痛苦的情形他看不下去；到了國外又親身嘗到那種被人輕蔑的待遇，他受不了，所以他對於這個集會感到極大的興趣。這個組織叫「大江會」，它不是政黨，更不是革命黨。聞一多在寫給朋友的信中說：「我黨原欲獨樹一幟，不因人熱，亦不甘爲人作嫁衣裳」[46]，已經很明確地把大江會的目的講清楚。聞一多雖然非常尊敬孫中山，寫了長詩《南海之神》來悼頌這位革命家[47]，並畫了一幅遺像爲中國留學生開追悼會時用，但他不想左偏或右傾，只想要有自己的立場。

　　在他離開美國回到祖國之前，他一直在思考發展中國藝術的問題，他寫了幾首律詩與絕句說明他的心情。[48]從詩中的舊典故可以看出聞一多的國家主義思想：他認爲中國人不應該放棄中國的文化本位，而去追求意外的收獲，正如他一度想用畢生的精力去研究西方的文學、藝術，卻堅持不脫離中國文藝的本位。

　　總的來說，聞一多在美國研究西洋詩，使自己的白話詩的技

術與水準因而提高。在繪畫方面，也更認識到自己的本位不過是藝術批評者，而非創作者。西方給他的刺激也使他由盲目的愛國轉到較切合實際的國家主義。在美國雖然只有短短三年的時間，這三年卻對聞一多的一生產生重大的影響。儘管美國的影響有正面也有反面，他確實更清楚自己要投身於表揚中國文化和藝術。這一切都是西方給他的影響，決定了他的下半生。

四、歸國——詩人、學者、鬥士

聞一多回國後，在徐志摩的推荐下出任國立藝術學校的教務長。聞一多沒有忘記美國給他的「刺激」，更沒有忘記「大江會」成立的目的。他帶著渴望國土的心情歸國，看到的卻是當時社會的黑暗和時局的混亂，使這位愛國的學者更深地認識到知識份子的救國重任是責無旁貸的，更相信國家主義是中國最需要的。然而，當大江同人陸續歸國之後，各人忙著照顧自己的工作，國內政局丕變，國家主義成了受攻擊的對象，大江會的活動也就在這樣情況下緩慢下來。[49]可是對聞一多來說，由於愛國熱誠的驅使，他還是不願意放棄大江會的活動。

歸國後，聞一多雖然還積極地參加大江會的活動，但他的心靈卻沒有一刻離開詩歌的天地，因此他常跟文學興趣濃厚的人接近，徐志摩是從劍橋大學歸來，才氣橫溢的詩人，他們一齊在北京《晨報》副刊上開闢了「詩刊」的新園地。[50]聞一多的家也成了新詩人聚集、討論的「樂窩」。[51]

在這個時刻，聞一多很關心新詩如何寫得好的問題。他認為一首詩本質的完美，只有在它的形式的完美上才看得出來。他發表了一系列的論文來說明詩歌形式的重要性。[52]

在此同時，他認爲文藝創作應該與社會運動結合起來，但他堅持文學作品的價值不應該用文章裏的政治思想來衡量。他當時的詩作中，也反映了多事之秋的中國社會。

1927年秋天，他在南京中央大學教西洋文學。根據梁實秋的看法，聞一多在南京中央大學的一年裏，雖然英美詩、戲劇、散文無所不教，他內心未曾不感覺到「教然後知不足」的滋味。[53]當時他也想徹底明了中國文化的精粹，因而積極地研究唐詩。但從大體上說，他研究的本位似乎是中國文化本身。

1928年，是聞一多生命中的轉捩點。是年秋天，他接受了武漢大學的聘書，去當中國文學系的主任。從此以後，聞一多減少新詩的創作，專心鑽研中國古典文學。至於聞一多所以「向內走」的原因也許有好幾個：當然他爲了教學，不得不溫習以前唸過的古典文學；也許他要好好地、徹底地認識他在美國一再辯談的中國文化究竟好到那裏去；同時，中國當時社會的黑暗，現實生活的催逼也叫他無心寫詩，轉而進行研究工作。聞一多開始甩去文學家的那種自由欣賞、自由創作的態度，而改取從事考證校訂的那種謹嚴深入的學究精神。第一份的研究著作是《少陵先生年譜會箋》。[54]不久，學校鬧風潮，他便到青島大學任文學院長兼國文系主任，同時教唐詩、中國文學史、英詩等課。有一次他在英文班上對學生說：「如果我們大家坐在一片草地上讀詩，而不是在這樣一間大房子裏，我講你們聽，坐在草地上，吸著煙，喝著茶，也無妨吸一口鴉片……，」[55]充份地表現出浪漫詩人的氣質和作風。他那種願意和學生打成一片的教學法也受了西方的影響。他在青島時，也和游國恩一齊討論楚辭。不久，青島大學又鬧風潮，他便回到清華大學。

　　1932年9月，聞一多在清華大學教唐詩、楚辭。在清華園裏得了「京派學者」的尊號，與魯迅、郭沫若等海派文人畫了界限。他的演講叫座，被稱爲清華園裏的道士。他總是穿黑色長袍，蓄長髮，脇下狹一大疊線裝手抄的筆記。聞一多習慣在傍晚上課，學生最記得他常說：「痛－飲－酒－熟－讀－離－騷－方得爲眞－名－士！」[56]他總喜歡一個字一個字地唸，好像道士唸「坐場詩」一樣，然後把紙煙拿出來，問學生們抽不抽？自己點燃一支，在香煙繚繞間開始講書。他以新穎的方法介紹古典文學給學生們，講課時又富戲劇性，常常令學生們聽得入迷，他自己也忘了時間。

　　1936年日本侵略華北日急，但聞一多卻還是潛心典籍，絕不旁騖，對於當時政局不稍措意，而且對於實際政治深爲厭惡。可是到了1937年7月7日蘆溝橋的炮聲一響，聞一多就無法在敵人炮火聲中繼續作眞名士了。他先回湖北老家，然後到長沙去參加國立長沙臨時大學。

　　當長沙臨時大學組織長征的隊伍逃亡昆明的時候，聞一多和七位教授也參加了這次長途跋涉。聞一多負責幫助同學從事文化與民族學的研究，一路上自告奮勇地引導了很多學生的活動：經過桃花源時，他跟同學們敍述這個傳說的起源以及與桃花源有關的古詩句；在沅江邊上舉行營火會；搜集民歌、談所聽見苗人的歌曲。有時他也偷閒去探幽尋勝，特別是那些有神話傳說的地方。這一切使聞一多少年時代的興趣再度復活。他又幫助同學導演戲劇，領導文藝晚會，爭辯有關於新文學的問題。[57]同時，也加深了他對於窮苦無告的同胞們的同情心。環境的改變使到埋在書堆中的聞一多走到人群中去生活，去體驗現實的滋味。在這個過

程中，聞一多的心路歷程又進入了另一個階段。

愛國心使他對當前研究學問的態度更嚴肅。他帶著使命感夜以繼日地研究，也不見客，得了「何妨一下樓主人」[58]的外號。他預備追溯中國文化與文學的發展，以全面了解中國社會的性質和特點，於是開始把他對中國古代歷史的知識和十年以來考據的結果綜合起來。戰爭使他的生活陷入困境，但無法阻止他對楚辭、唐詩及中國古代生活的研究。

聞一多是一個文人，不是政治家，可是戰爭的殘酷、極權政府的無理措施激動他，使他不惜冒死爭取中國民主化和爲中國的和平而奔走。他參加也領導學生游行，不顧警察的威脅。他始終是一個正義感很強的理想主義者，卻不是革命家，因爲他沒有一套具體行動的方案。他猛烈地抨擊中國的傳統，但未必對中國社會有徹底的了解。他一直是富有浪漫精神的詩人而不是社會分析家。

1943年聞一多參加民主同盟的組織。[59]民盟宣稱它主要目的是要調解國共的糾紛，統一中國抗戰的力量。國民黨當時不願放棄一黨專政，認爲凡提議和延安妥協的都是親共的，所以對民盟的活動加以壓制。但是在聞一多的《民盟的性質與作風》一文中[60]，可以看出聞一多是採取獨立的政治立場。

聞一多開始埋首於古典文學研究時，他的目的在找出中國古書中的美。如今，他卻挑剔中國傳統的弊病，利用研究古典文學來達成這個任務。可惜他死得早，這個使命沒有法子完成。後來，他相信文學應該反映人生，所以，把學術研究暫時放在一邊，而從事於政論的寫作，他認爲屈原是人民的詩人，即爲一例。在此同時，聞一多也激動地重新評價與分析中國傳統，指責儒家、道

家和墨家導致中國落後。他發表了不少激情的、尖刻的政論，其中也免不了有衝動的評語而流於不成熟。

在最後的日子裏，聞一多更大力地批評國民黨，雖經朋友、學生的告誡，他仍不顧死活地大發議論，參加學生的遊行。不久，民盟全國總會的主席李公朴在離開聞家附近的地方遇刺。聞一多帶著悲慟又堅毅的心情繼續地辦理民盟的事務。1946年7月15日為李公朴舉行追悼會。當天下午五點鐘後，聞一多在兒子立鶴的陪伴下，從民主周刊社走回家，在快抵家的街角上，忽聞一陣槍聲，他應聲倒下去了。聞一多最後是帶著烈士的殉道心志而死的，詩人的死，本身就是一首使人熱血沸騰的史詩。[61]

【註釋】

[1]聞一多原名「亦多」，字家驊，號友三，入清華學校時，友人吳澤霖建議改為「　多」。1920年10月起，在校中刊物上發表文章開始署名「一多」，1925年由美歸國後正式改此名。湖北浠水原名蘄水。

[2]見《聞多》(聞一多少年時的自傳)，原載《辛酉鏡》(由聞一多擔任總編輯的清華學校的刊物)，1917年6月，見《社會科學戰線》期2(1979)，頁257；亦見郭道暉、孫敦恒等編《聞一多青少年詩文集》(以下簡稱《詩文集》)(昆明：雲南人民出版社，1983)，頁3。

[3]同上。

[4]勉之《聞一多》，頁9-10；亦見《全集·年譜》，頁3。

[5]參考許芥昱《聞一多》，頁14-15。

[6]《全集·年譜》，頁4。

[7]同上，頁2。

[8]《全集·年譜》說是1909年，實為1910年，參考郭道暉、孫敦恒《關於

　　聞一多少年時代的自傳——〈聞多〉〉，見《社會科學戰線》，期2
　　（1979年），頁258；亦見《詩文集》，頁5。

[9]許芥昱《聞一多》，頁16。

[10]不是《全集·年譜》所說的1913年，參考郭道暉、孫敦恒《關於聞一多
　　少年時代的自傳——〈聞多〉〉，見《詩文集》，頁5。

[11]1908年美國國會通過以庚子賠款一部份，分期退還中國。1909年清外務
　　部及學部議定派遣學生赴美留學，並在京師設立肄業館，就近郊清華園
　　建築房舍，1911年始成立，名清華學校，分中等、高等科開班召生，各
　　科學額及留美學生均按照各省攤付賠款之數爲比例。1916年改訂計劃，
　　自1921年起，停召中等科學生。1925年起，召收大學部學生。1928年，
　　正式定名爲國立清華大學。

[12]梁實秋《談聞一多》，頁5。

[13]參考《中文課堂底秩序一斑》，原載《清華周刊》，期214（1921年 4
　　月1日）；亦見《詩文集》，頁103。

[14]《聞多》，見《詩文集》，頁3。

[15]同上。

[16]他後來後悔沒有直接參加示威行列最前線，見勉之《聞一多》，頁17；
　　史靖《聞一多》，頁 4。又二書均有聞氏當時活動情形的描述。聞氏親
　　自參加遊行，第一次是在昆明，日期是1944年12月25日，見《全集·年
　　譜》，頁49。

[17]《全集·年譜》，頁6。

[18]梁實秋《談聞一多》，頁6-7。

[19]許芥昱《聞一多》，頁27。

[20]《美國化的清華》，原載《清華周刊》，期247（1922年5月12日）；亦
　　見《詩文集》，頁127-129。

[21]見《詩文集》，頁127-129。

[22]參考許芥昱《聞一多》，頁44，注2。

[23]梁實秋《談聞一多》，頁8。

[24]《全集‧年譜》，頁7。

[25]梁實秋《談聞一多》，頁12。

[26]《全集‧年譜》，頁8。

[27]參考浦薛鳳《憶清華級友聞一多》，見《傳記文學》，卷39期1（1981
　　年7月），頁64；《全集‧年譜》，頁8；史靖《聞一多》，頁4-5；又，
　　《聞一多的道路》，頁14-16；勉之《聞一多》，頁18-20。聞一多也和
　　朋友寫了《取消留級部令之研究》，原載《清華周刊》，期244(1922年
　　4月21日）；亦見《詩文集》，頁124-126。

[28]後來改名為高貞。

[29]《全集‧年譜》，頁9。

[30]同上，頁10。

[31]梁實秋《談聞一多》，頁26。

[32]同上。

[33]《全集‧年譜》，頁14。

[34]同上，頁12。

[35]同上，頁14；亦見梁實秋《談聞一多》，頁28。

[36]梁實秋《談聞一多》，頁29。

[37]同上。

[38]同上。

[39]同上，頁31。

[40]《家書》，見《全集‧庚》，頁77。

[41]梁實秋《談聞一多》，頁33。

[42]《全集·年譜》，頁16。

[43]同上，頁17。

[44]《給梁實秋吳景超翟毅夫顧毓琇熊佛西諸先生》，見《全集·庚》，頁28。

[45]同上，頁33。

[46]同上，頁36。

[47]見《詩集》，頁309-317。

[48]梁實秋《談聞一多》，頁59-60。

[49]同上。

[50]《晨報副刊》原為北京《晨報》(是研究系機關報，創辦於1916年8月，在北京出版，初名《晨鐘報》，1928年6月停刊)第七版，1919年2月改革，李大釗參加工作，宣傳新聞化運動；1921年10月12日改出單張，名《晨報副鐫》著重宣傳新文學，1925年為新月派所把持，1928年停刊。

[51]徐志摩《詩刊序言》，見瘂弦、梅新主編《詩學》輯1(台北：巨人出版社，1976)，頁425-426。

[52]如《詩的格律》、《戲劇的歧途》等，見《全集·丁》，頁245-253，271-274。

[53]梁實秋《談聞一多》，頁79。

[54]《全集·丙》，頁45-99。

[55]《全集·年譜》，頁26。

[56]馮夷《混著血絲的回憶》，見《文藝復興》，卷2期4（1946年11月），頁392。

[57]鳳子《寫在一多先生的周年祭》，見《清華周刊——聞一多先生死難周刊紀念特刊》（1947年），頁38。

[58]《全集·年譜》，頁36。

[59]前身爲民主政團同盟，成立於1940年。

[60]《全集·己》，頁23-28。

[61]有關作「鬥士」的聞一多，可參考劉烜《聞一多的政治觀、藝術觀、歷史觀》；朱文長《聞一多是如何成爲「民主鬥士」的？》，見《傳記文學》，卷 38期5（1981年5月），頁20-26；梁敬錞、浦薛鳳、賴景瑚、朱文長《〈聞一多是如何成爲「民主鬥士」的？〉的回聲》，同上，卷39期1（1981年7月），頁 29-30；潤西《聞一多僞裝民主人士的眞象大白》，見《藝文志》，期198（1983年3月），頁7-8。

第三章　前期的詩歌理論

　　聞一多是著名的詩人，他的詩作《紅燭》和《死水》在中國近代新詩壇中，受到極大的讚響。聞一多在1920年在清華園裏開始發表新詩[1]，1923年9月出版第一部詩集《紅燭》，1928年1月第二部詩集《死水》印行。[2]1931年他寫了《奇迹》之後，便很少寫詩[3]，專心從事學術的研究，成爲一個知名的學者。其實，在聞一多努力於詩歌創作的那一段時期，也已經是一個長於分析，識見淵博的學者了。不過，他所寫的理論文字，多數和詩歌創作有關。從這些分析和評論詩歌的文字中，可以看出詩人對於詩歌的欣賞和批評，有他自己一套的看法。本書嘗試把聞一多前期及後期有關詩歌理論的文字加以分析，並用詩人評詩的尺度，去審視詩人的兩部詩集——《紅燭》和《死水》，以便研究他在這兩方面所受西方的影響。

一、詩論的兩個階段

　　聞一多評論新詩的文字[4]，最早發表的是在「水木清華」的日子。[5]1921年6月，他在《評本學年〈周刊〉裏的新詩》。[6]同年12月，在《清華文學社》用英文寫了一篇報告《詩的音節底研究》(A Study of Rhythm in Poetry)。[7]1922年3月，他發表了第一篇較有份量的評評《冬夜評論》[8]，同時也寫了一篇詳細的《律詩底研究》。[9]到美國留學後，他結交了不少詩人朋友[10]，

也聽過一些英美詩的課。這些都對於他的詩歌理論和詩歌創作有著頗大的影響。如果概要地加以劃分,他的詩歌理論,從清華時期到美國珂泉留學以前,可以說自成一個時期,這是前期;從1923年10月到珂泉以至1926年回國,是後期的第一階段;1931年以後,他罕有詩歌創作,埋首鑽研中國古典文學;大概在中日戰爭開始之後,他又陸續發表了一些論詩的文字,算是後期的第二個階段。但是他的詩歌理論,能夠用詩歌創作去印證的,則只有前期和後期的第一階段而已,因為在後期的第二階段,他只寫了詩論,沒有機會從事創作,便被暗殺了。

二、詩歌與藝術

　　早期的聞一多,無論在欣賞或批評一首詩的時候,都極講究它的藝術精神。在他看來,詩和藝術有不可分的緊密關係。因此,討論早期聞一多的詩歌理論,就不得不了解他的藝術觀和他早年學習藝術的生活背景。

　　聞一多在清華求學時就對美術有明顯的興趣,他不單欣賞美術,並且要求對美術的本質和效用有全面的了解。早在1919年,在他還只有廿一歲的時候,他就發表過一篇關於人與美術的關係的文章。他在文章中指出人類需要美術是件很自然的事,他說:

　　　　世界本是一間天然的美術館。人類在這個美術館中間住著
　　　　,天天摹仿那些天然的美術品,同造物爭妍鬥巧。所以凡
　　　　屬人類所有東西,例如文字、音樂、戲劇、雕刻、圖畫、
　　　　建築、工藝都是美感的結晶,本不用講,就是政治、實業
　　　　、教育、宗教也都含著幾層美術的意味。所以世界文明的
　　　　進步同美術的進步,成一個正比例。[11]

聞一多所指的美術不是狹義的而是廣義的，貫串生活上的各種日常活動。所以對聞一多來說，美術的定義不決定於所從事的活動如繪畫、寫詩等，而決定於對待每一件事物的態度。美感是隨時隨地存在的，就像「那些天然的美術品」一樣。

　　他進一步地分析美術對生命、人類和社會的重要性時，屢次以世界第一次大戰後歐美國家的美術傾向爲例，他說：

> 人類從前依賴物質的文明，所得的結果，不過是一場空前的怵目驚心的血戰，他們於是大失所望了，知道單科學是靠不住的，所以現在都傾向於藝術，要庇托於她的保護之下。[12]

他接著針對中國說：

> 中國雖沒有遭戰事的慘劫，但我們的生活底枯澀，精神的墮落，比歐洲只有過之無不及，所以我們所需要的當然也是藝術。[13]

在大家喊著「賽先生」（科學）和「德先生」（民主）口號的日子裏，聞一多不一味崇洋，中肯地警告大家應該從歷史吸取教訓：單靠科學所導致的危險；同時指出藝術的價值在於滿足人的精神生活，挽救各種社會的危機。他大膽地說：「人的所以爲人，全在有這點美術的觀念。提倡美術就是尊重人格。」[14]相信美術能對社會作出建設性的貢獻，他顯然是受了康德（Immanuel Kant，1724-1804)道德美學的影響。[15]

　　聞一多在大力提倡美術時，引了西方不少著名學者和藝術家的言論，如克魯泡特金(Peter Alexeievitch Kropotkin，1842-1922)所講的：「人生豈僅得衣食住就罷了麼？物質的欲望，既已滿足；藝術的欲望，自然湧激而出。」[16]他也同意基耀(Jean

Marie Guyau, 1854-1888)和格魯斯(Karl Gross, 1861-1946)所講「人生所貯蓄的餘力，若不宣洩出來，必不快樂；遊戲或藝術就是宣洩這種餘力的結果。」[17]這些西洋學者和藝術家所講的話，顯然讓聞一多在對待藝術與人生的關係問題上，得到不少的啓示，也使他的藝術觀更有深度，更趨成熟。

歐洲大文豪托爾斯泰(Count Leo Tolstoi, 1828-1910)希望於藝術的是一種人類中情同手足的團結的實現。[18]這種看法，無疑地使聞一多藝術觀的視野擴展，它包括了全人類的情感，這使聞一多從世界對藝術的趨向了解中國對美術的需要；在努力發展中國的藝術的同時，又意識到這對全人類所起的作用。依據這個信念，他在兩年後便從談「地方色彩」[19]擴展到對「世界文學」[20]的嚮往。

康德說藝術（判斷力）是介於實體世界（實踐理性）和現象世界（純粹理性）之間，而作爲它們的橋樑。這一思想，更加深聞一多對藝術功用的了解：藝術可以促進人類的友誼，又可抬高社會精神層面的程度。[21]

西方藝術家的話也幫助聞一多了解藝術和科學的關係，所以當大家熱烈地爲藝術或科學爭辯時，他能看出藝術和科學是「並行不悖」，而且是缺一不可的。他引了羅斯金(John Ruskin, 1819-1900)的話來證明這一點：「生命無實業是罪孽，實業無美術是獸性」(life without industry is guilt, industry without art is brutality)。[22]他也引了法國詩人盧瑟德比爾(Pierre de Ronsard, 1525-1585)對科學和藝術互助分工的詮釋：「科學同藝術應該互助。但他們職務要分清楚，人類底目的即是美底理想，科學是藝術底僕役，理想底共同作者。科學先，藝術後，科

學是為藝術的（機械可以節省工人作工底時間，讓他們多得消遣底機會；醫藥同衛生能使身體強壯而且加倍地美觀）。」[23]

聞一多一方面雖然看重美術對人、生命和社會的功用，但是在另一方面也同意蔡元培對美育的看法：「提起一種超越利害的興趣，融合一種劃分人我的僻見，保持一種永久和平的心境。」[24]他在《出版物的封面》一文中提到圖案組織的要素有：條理（Order），配稱（Proportion），調和（Harmony），平靜（with repose），暗示著美術帶給人精神上的滿足。[25]這種由美術所帶來的精神滿足，就是英國美學家，荷姆（Henry Home, 1696-1782)所說的無利益感的情緒。[26]聞一多據此以衡量電影，他說：「我們研究電影是不是藝術底本旨，就是要知道他所供給的是哪一種的快樂，真實的或虛偽的，永久的或暫時的。」[27]

聞一多的藝術理論顯然大部份是受了西方藝術家的影響，但他是個在藝術及學術上都力求自立的人，極力想在西方的基礎下尋求自己的建構。早在1919年，還在清華求學時，他就這樣說過：「理想的藝術底想像，……不是西方現有的藝術，更不是中國的偏枯腐朽的藝術底僵屍，乃是熔（融）合兩派底精華底結晶體。」[28]在這幾句很重要的話裏，我們可以看出早年的聞一多已經肯定地認識到中國藝術存有許多要不得的東西，而西方藝術的確有不少值得學習的地方。但是，他要清楚地說，理想的藝術不是一味崇洋，而是兩個不同文化的藝術融合後的結晶體。聞一多對藝術的這種看法，直接地影響到他欣賞詩歌及創作詩歌的標準。在他來說，理想的詩歌，跟理想的藝術一樣，是「中西藝術結婚後產生的寧馨兒。」[29]

因此，我在討論聞一多藝術觀時，發現他對藝術的看法直接

影響了他的詩論。此外,當我們談論聞一多如何受西方影響時,我們要認識的,不單是他受怎麼樣的影響?誰的影響?我們還須找出的是:聞一多如何把這些西來的影響在有意無意中建立在傳統文化根基上,以創造出他所謂的「結晶體」「寧馨兒」。[30]

這時的聞一多對藝術的看法雖未完全定型,但已明顯地吸收了中西方對藝術的態度。西方的哲學家如康德等在藝術上偏重形式美,中國的傳統則主張美善合一。聞一多一面重視藝術對社會、人生的感染和教育作用,一面又講求藝術所帶來超越利害關係的快感和美感[31],以「美為藝術的核心」[32],正反映他兼採中西兩方對藝術的看法。

三、論詩人的特質

聞一多早期的藝術觀既然有重視藝術對人生的功用的一面,他對藝術家或從事藝術的人也必有一定的要求。[33]他對藝術家的要求也反映了他對詩人的要求。

聞一多早年在清華評詩時,指出詩人必須能洞察事物以教育人類。[34]聞氏認為詩人若有一種人生觀,應該講出來。[35]1923年3月23日當他寫信給梁實秋時,他更表白了他的文學觀:

> 「文學」二字在我的觀念裏是個信仰,是個vision,是個理想——非僅僅發洩我的情緒的一個工具。……那基督教的精神還在我的心裏燒著。我要替人們 consciously 盡點力。我的詩若能有所補益於人類,那是我無心的動作,(因為我主張的是純藝術的藝術)但是相信了純藝術主義不是叫我們作個Egoist。(這是純藝術主義引人誤會而生厭避之根由。)[36]

聞一多以一種投入宗教信仰的精神來對待文學，他追求的是純藝術的理想。他所謂純藝術不是撇開人生不談，以自我的世界為滿足；而是文學中若有談到人生的部份，它不是詩人為了談人生而從事文學創作的目標，只是當詩人真能把從事文學創作視為一個"vision"時，必然有時會涉及的課題。但是，詩人所要突出的主題必定是以藝術呈現在詩中。換言之，他在追求純藝術的理想時，很可能會不知不覺地寫出「有所補益人類」的詩。這就是所謂為純藝術而盡力，即是無所為而為的態度。所以在這時，他批評別人的詩人中了「藝術為人生」的毒。[37]

　　原來在這時候，中國正掀起了很熱烈的文藝浪潮[38]，特別是對文藝的目的，發生激烈的論戰。在1920年，文藝研究會成立。到了第二年，創造社接著也成立了。茅盾、鄭振鐸、葉紹鈞等所主持的文藝研究會主張「人文主義的寫實主義」。茅盾說：「我自然不贊成托爾斯泰所主張極端的『為人生的藝術』，但是我們決然反對那些公然脫離人生的而且濫調的中國式的唯美的文學作品。」[39]他討論文學的目的和作家的責任時，這麼說：「翻開西洋的文學史來看，見他由古典——浪漫……這樣一連串的變遷，……無非欲使文學更能表現當代全體人類的生活，更能宣洩當代全體人類的情感，更能代替全體人類向不可知的命運作奮抗與呼吁。」[40]郭沫若、成仿吾、郁達夫三人領導的創造社卻提倡「為藝術而藝術」。成仿吾主張除去一切的功利打算，專求文學的全與美。[41]郭沫若在他的《文藝之社會的使命》一文，強調文藝也如春日的花草，乃藝術家內心之智慧的表現。詩人寫出一篇詩，音樂家譜出一個曲，畫家繪成一幅畫，都是他們天才的自然流露；如一陣春風吹過池面所生的微波，是沒有所謂目的。[42]

在當時文壇對文藝的目的各有所偏的爭議中[43]，如上所述，聞一多雖然重視文學的藝術性，卻不主張完全「爲藝術而藝術」，他對周圍所發生的事物非常關切。對他來講，藝術不一定要和生命分開。他的立場是：文學必須要有藝術的美，但那不等於撇開現實人生而不談。

聞一多從事詩歌創作所具有的嚴肅態度，也在他所引培根(Francis Bacon, 1561-1626)的話中反映出來：「（詩）中有一點神聖的東西，因他以物之外象去將就靈之欲望，不是同理智和歷史一樣，屈靈於外物之下；這樣，他便能抬高思想而使之以入神聖。」[44]所以聞一多認爲詩人要寫出好詩，必須先對所從事的創作有正確、莊嚴的態度。態度一錯，所寫出來的詩必不能感人。因此，他對寫詩講了以下的話：

> 詩人胸中底感觸，雖到發酵底時候，也不可輕易放出，必
> 使他熱度膨脹，自己爆裂了，流火噴石，興雲致雨，如同
> 火山一樣，……才有驚心動魄的作品。詩人總要抱著這句
> 話做金科玉律：「可以不作就不作」。[45]

可見聞一多對詩人的要求不單是表現詩的形式美，更要具有內心裏的火的燃燒。落實地說，便是內心要有不得不發洩的情感。他與友人研究詩的問題時指出：研究詩必須從詩中抽出詩人底性格哲學，最重要的「是要會 generalize ——看完一個人底詩——……要試試能否 locate his rank, classify his kind and determine his value,」還要了解詩人的傳記。[46]

從上述可見聞一多對詩人從事創作的要求如何的嚴格，由此可以幫助我們了解他爲何重視詩中的一些要素，進而了解他的詩觀。

　　聞一多曾經強調說：「藝術比較的不重在所以發表的方法或形式，而在所內涵的思想和精神。」[47]「藝術品的靈魂實在便是藝術作者的靈魂。作者的靈魂留著污點，他所發表的藝術亦然不能免相當的表現。」[48]所以從事藝術的人必須先有美好的靈魂，才能創造有益於別人的作品。

　　此外，聞一多也非常注重詩人的個性，認為「藝術家過求寫實，就顧不到自己的理想；沒有理想，就失去了個性，而個性是藝術底神髓，沒有個性，就沒有藝術。」[49]可見聞一多對一個詩人不但要求他具有美好的靈魂，還要有個性、有理想，才能從事於藝術的創造。

　　聞一多要求詩人要有美好的靈魂和個性，當他討論詩的特徵時注重情感和想像息息相關，這都是受到西方十八世紀末十九世紀初浪漫主義要求個性解放的影響。

四、分析詩歌的角度

　　聞一多最早的一篇詩評是1921年發表在《清華周刊》上，題目是《評本學年〈周刊〉裏的新詩》。以後他陸續寫過不少關於詩歌欣賞和批評的文字，最為著名的是1922年11月發表的《冬夜評論》、《女神之時代精神》[50]；1923年發表的《莪默伽亞謨之絕句》。[51]此外，還有未發表的報告，如用英文寫的《詩的音節底研究》（A Study of Rhythm in Poetry）以及《律詩底研究》。聞一多在寫給友人的信中，也往往提到他評賞詩歌的心得。[52]在這些文章和信件中，我們可以看出聞一多的詩歌理論的輪廓和重點。從第一篇詩評到1923年留學珂泉時為止，他的詩歌理論顯然有延續性，並沒有矛盾和變異。雖然在第一篇詩評中，

他的許多意見也沒有很深入地去研究。但是，在這篇早年詩評中所提出的問題，也常出現於以後的詩評中，而且逐漸發展，成為一套頗有深度的詩歌理論。因此，在我們探討1920-1923年間聞一多的詩歌理論時，必須先從他的第一篇詩評入手。

在第一篇詩評《評本學年〈周刊〉裏的新詩》中[53]，聞一多認為詩歌有兩種原素——「內在的原素」和「外在的原素」。他強調詩歌的真價值在於其「內在的原素」，而不在其「外在的原素」。他的批評首重幻象、情感，其次是聲與色的原素。[54]1922年11月發表的《冬夜評論》，基本上聞一多還是繼承第一篇詩評的論點，不過對於詩歌的幾個重點——幻象、情感、音節有進一步的看法。在這篇詩評裏，聞一多先批評《冬夜》裏的音節，然後指出詩的「真精神」，其實不在音節上，音節究屬外在的原素。外在的原素是具質成形的，所以有分析比量的餘地，偏是可以分析比量的東西是最不值得分析比量的。至於幻象、情感——詩的其餘的兩個更重要的原素——最有分析比量的價值的兩個部份，卻不容分析比量。他認為最多只可定奪它們的成份的有無，揣測它們的度量的多少；其餘的便很難像論音節的那樣詳盡了。因此，對聞一多來講，幻象和情感代表了詩的靈魂，是最有價值的原素。[55]

《冬夜評論》一文最明顯地反映聞一多對詩歌形式和內容的看法。雖然他講究音節及外在的形式藝術[56]，但更注重詩歌內容中的幻象和情感。許多談論聞一多的人，把他當作一個注重形式過於內容的新詩人，這種看法是不正確的。如前所述，聞一多在《電影是不是藝術》一文中已經強調：藝術比較注重思想和精神，而不重發表的方法或形式。[57]聞一多對新詩的觀點，和他

對藝術的觀點，是完全一致的。不可諱言地，他評詩論詩的看法是直接地受了他的藝術觀的影響。

　　聞一多在寫給友人的信裏，也清楚地提到他對詩的看法。他說，詩有四大原素：幻象、感情、音節、繪藻。[58]在這信內，他除了重複地說明他以前發揮的三個重點——即幻象、情感和音節——之外，還加上了一個「繪藻」。與此同時，他還從傳統的中國詩論中爲自己的詩歌理論尋找根據：他引了袁枚的話來說明「其言動心」是情感，「其色奪目」是繪藻，「其味適口」是幻象，「其音悅耳」是音節。[59]由於聞一多的詩評和其他文章中，都屢次提到這幾個詩歌的原素，我們要深入地探究他的詩歌理論，自然也應該從幻象、情感和音節這幾個重點去分析。

　　㈠情　感

　　聞一多在一份讀書札記中說：「詩中首重情感，次重幻象。」[60]聞一多說他所謂的情感不是「尋常的情操」[61]，因爲這種情操是不容易寫出好詩的。聞一多所指的情感是非常劇烈和迸發出來的。如上所述，聞一多所要求於詩人的情感要像火山流火噴石一樣，才能創造出驚心動魄的作品。可見聞一多所看重的不但是眞的情感，而且是熱烈的情感。他認爲沒有熱烈的情感是無法寫出好詩的。因此，詩人的情感成了寫詩的第一要素。

　　聞一多強調劇烈的情感，但也指出這種情感不應該馬上表現出來，而要包含在藝術想像中，通過藝術想像進行加工昇華。他寫信告訴友人自己的寫作經驗時，很清楚地說：「我自己作詩，往往不成於初得某種感觸之時，而成於感觸已過，歷時數日，甚或數月之後，到這時瑣碎的枝節往往已經遺忘了，記得的只是最根本、最主要的情緒的輪廓。然後再用想像來裝成那模糊影響的

輪廓，表現在文字上，……刻露的毛病決不會有了。」[62]在這裏，我們看到聞一多先是注重「情感」的內容，然後主張以「幻象」的藝術呈現出既能感人又有藝術價值的詩。[63]

聞一多評論《冬夜》時，曾指出《冬夜》裏的情感不夠熱烈，最特出的一種情感不過是「人的熱情」——對於人類的深摯的同情。[64]他在比較中國詩和西洋詩的情感時，指出舊文學遺傳給新文學的只是一些寄懷贈別，應酬式的詩，他認爲新文學界應該在詩的情感上有深一層的突破，不該繼續讓情感停留在表面的層次。[65]他同意魏萊(Arthur Waley)在比較中國詩和西洋詩中的情感時所指出的：「西洋詩人是個戀人，中國詩人是個朋友；『他（中國詩人）只從朋友間找同情與智識的侶伴，』他同他的妻子的關係是物質的。」[66]聞一多考察了古來詩人如蘇武和李陵、李白和杜甫、白居易和元稹、皮日休和陸龜蒙等人描寫友誼的作品，實有情感不足的現象。傳統詩歌的情感不足也影響了新詩的情感。[67]

聞一多進一步地指出，在當時逐漸歐化的社會裏，男女交際的風氣漸開，朋友間的情感相對地減少，因此朋友的情感只能歸入「情操」——第二等的情感——底範疇中。[68]聞一多引了奈爾孫(William Allen Nelson)的話來解釋「情操」，說情操「是用於較和柔的情感、用思想相連屬的、由觀念而發生的情感之上，以與熱情比較爲直接地倚賴於感覺的情感相對待。」又說：「像友誼、愛家、愛國、愛人格、對於低等動物的仁慈的態度一類的情感，同別的尋常稱爲『人本的』(humanitarian)之情感……這些都屬於情操。」[69]聞一多視這些爲「第二流的情感」。

這樣看來，聞一多所要的並非「第二流的情感」，而是「第

一流」的。受過西洋文學洗禮的聞一多，他對情感的結論是：「嚴格的講來，只有男女間戀愛的情感，是最烈的情感，所以是最高、最眞的情感。」[70]這就是聞一多所主張的「第一流的情感」了。

　　總的來說，聞一多對「情感」的看法是分兩個層次的。「第一流的情感」是熾烈的情感，如男女間的戀情；「第二流的情感」是普通的情感，如友誼、同情心等生活中的情感。聞一多認爲新詩的情感不應再像舊詩中只有「第二流的情感」，應該向西方學習進入更深入、更眞摯、更熾烈的「第一流情感」中。朱自清談論新詩時，指出：新詩「咏男女自然和舊詩不同，可是大家都泛泛著筆，也就成了套子。……格律詩派的愛情詩，不是紀實的而是理想的愛情詩，至少在中國詩裏是新的……。徐志摩、聞一多兩位先生是代表。」[71]以上的話證明了聞一多確實在創作中實踐了「第一流情感」說。宗白華在1922已經對這個問題表示關注，他說：「中國千百年來沒有幾多健全的戀愛詩了（我所說的戀愛詩自然是指健全的，純潔的，眞誠的）。所有一點戀愛詩不是悼亡，偷情，便是贈妓女。詩中品格隨神聖的戀愛詩，墮成這種爛污的品格，還不亟起革新，恢復我們純潔的情泉麼？」[72]這反映出聞一多是追求新詩在情感上革新的進步詩人之一。

　　聞一多對情感的看法，是先依據中國固有的文學傳統，再加上西洋文藝理論的方法，然後鎔鑄而爲改革新詩的根據之一。[73]聞一多也強調作詩有了熱烈的情感之後，必須要讓它冷卻下來，用幻象裝成藝術表達出來。換句話說，作詩單有情感是不夠的，還得經過理智的處理，藝術的加工才能成爲有藝術味道的詩。

　　㈡幻　象

　　聞一多對幻象一詞的使用並不一致，他在詩評裏有時用「幻想」來取代幻象。[74]根據當代中國學者劉烜的看法，聞一多所謂「幻象」，用現在通行的術語來表達，接近於「想像」的意思。[75]聞一多在詩評裏並沒有直接地給「幻象」下定義，但在他寫給友人的信中，卻對這個問題有深入的解釋：「幻象分『所動的』同『能動的』兩種。『能動的』幻象是明確的經過了再現、分析、綜合三種階級而成的有意識的作用。『所動的』幻象是經過上述幾種階級不明了的無意識的作用。」[76]聞一多對「能動的」幻象的分析和解釋似受英國十九世紀浪漫詩人柯爾律治的影響。聞一多所講的「所動的」幻象也是淵源於十九世紀歐洲的文藝思潮，最明顯的是受了浪漫主義詩人濟慈的影響。濟慈談到「否定的能力」(Negative capability)是一種不在意的想像的呈現[77]，就如聞一多所說的「所動的」幻象一樣。以上這兩種幻象是浪漫詩人寫詩靈感的來源，若沒有它們，詩人就苦不堪言，寫不出詩來了。

　　聞一多進一步地說中國藝術中所表達的幻象，多數屬於「所動的」幻象，他說：「畫家底『當其下手風雨快，筆所未到氣已吞』，即所謂興到神來，隨意揮灑者，便是成於這種幻象。」[78]他指出這種幻象，比起「能動的」幻象，較欠缺秩序、整齊和完全，但「所動的」幻象卻別「有一種感興，這中間自具有一種妙趣，不可言狀。其特徵即在荒唐無稽、遠於眞實之中，自有不可捉之神韻。浪漫派的藝術便屬此類。」[79]由此可見，聞一多以西方的觀點去解釋中國藝術所具有的幻象的特徵。

　　聞一多繼續探討幻象在中國文學中所扮演的角色。他在讀書札記中說：「詩中首重情感，次則幻象。幻象眞摯，則無景不肖，

無情不達，前人知此秘者莫如梅聖俞。他常對歐陽修說：『必能狀難寫之景，如在目前，含不盡之意，見於言外，然後爲至矣。』又說：『作者得於心，覽者會以意，殆難指陳以言也。雖然，亦可略道其仿佛。』[80]聞一多從歐陽修的《六一詩話》引出宋朝詩人梅聖俞對幻象的看法[81]，可說明中國詩人的確曾經注意這方面的問題。可是根據聞一多的分析，中國詩人一向太執著於詞曲的音節，致使幻覺在中國文學裏流於粗率、簡單，而且薄弱，很少有濃麗繁密和具體的意象。就如傅斯年在《怎樣作白話文》中所說，這樣的中國意象是不敷新文學運用的。[82]聞一多指出，就因爲這樣，新詩讀起來總是淡而寡味。寫出來的詩只是「橫裏伸張」、「言之無物」。因此，聞一多迫切地呼吁新詩作者「擺脫詞曲的記憶，跨在幻想的狂恣的翅膀上遨遊，然後大著膽引嗓高歌，」[83]以達到更加開擴的藝術境界。

　　聞一多進一步依據西方學者的說法來支持他的論點。[84]同時舉出西詩中一種長而複雜的Homeric simile爲例，說是中國舊詩裏所未見的。他指出這種寫法是「大模範的敍事詩(epic)中用以減煞敍事的單調之感效的技倆。」並說新詩就應該學習這種技巧，完成取人的長處，以補救自己的短處的責任。[85]聞一多引濟慈的話：「不是使讀者心滿意足，是要他氣都喘不出。」(Its touches of Beauty should never be half way thereby making the reader breathless rather than content)[86]來說明要造成這種力量，最要緊的是要有幻象。他指出好詩決不是把所看到的景物一一的記下來，因爲這樣作，反映作者本身的感覺不劇烈，不能喚起自己對幻象的了解，更談不上喚起讀者的幻象了。[87]因此，聞一多相信詩人在生命的深處先要有熱烈的情感，明確的

幻象，才能寫出**驚人**的詩句，以引起讀者也有明確的幻象的共鳴。

　　聞一多就是依據上述對幻象的了解去評析詩歌的。他評賞《清華周刊》裏的詩時，強調眞詩是從幻象來的[88]，能產生近乎「奇異的感覺」（ecstacy）。他認爲有幻象的詩人，才會有神秘感（mystic），才會成爲成功的詩人。他舉出《周刊》中的一首詩《一回奇異的感覺》爲例，說該詩所描寫的境界「嫌森森的松柏影，**疊疊**的潭波光，和雲尾粉紅的淺霞，阻我同自然體（結）會（合）。」表現作者「遺世高舉」，「禦風而行」的幻象。[89]聞一多欣賞作者希望靈魂與自然結合，卻嫌外物擾亂他的官能，打斷那一縷遊絲的幻想。他指出這種意象和莊子裏的「心無天遊，則六鑿相攘」[90]可互相輝映。聞一多強調熾烈的幻象和豐富的想像力這一點，充份表現出他受了西方浪漫主義精神的影響。詩中的豐富想像，可以造成一種巨大的震撼力，用中國傳統的話來形容，這種力量是「龍文百斛鼎，筆力可獨扛」。[91]要有這一種力量，詩人作詩的態度先要正確。聞一多評論《冬夜》時，指出這本詩集之所以缺少幻象是「因爲作者對於詩——藝術的根本觀念的錯誤。」[92]原來兪氏在《冬夜》的序言中有下列的一段話：「我只願隨隨便便的活活潑潑的借當代的言語去表現出自我……。至於表現的……是詩不是詩，這都和我的本意無關，我以爲如要顧念到這些問題，就可根本上無意做詩，且亦無所謂詩了。」[93]聞一多加以引用後，用嚴肅的口吻說，兪氏把做詩看作這樣容易，這樣隨便，難怪他做不出好詩來。[94]由此可見，聞一多如何重視幻象在詩裏的作用，從而看重詩人寫詩的態度。在第五章討論《紅燭》時，我們可以清楚看到聞一多怎樣把他對幻象的理論應用在他的詩的創作中。

　　聞一多對情感和幻象的看法，都表現出他努力學習中國古代詩學，並注意用現代西方的理論予以發揮，希望在探求建立新的詩論、方法上，有他的獨到之處。所以當我們研究聞一多的詩歌理論如何受西方影響時，必須注意到他不要直截地移植西方的詩歌理論到中土來。他竭力對中國詩論尋求深切的了解，然後配合他從西方所學到的藝術和文學理論來加以發揮，使它成為一套中西調和的詩論。

　　㈢音　節

　　聞一多論詩，除了情感和幻象之外，還很注意音節(rhythm)。早在清華時，聞一多就開始進行對音節的研究。他在《清華文學社》的會議上，作了一份用英文撰寫的報告：《詩的音節底研究》(A Study of Rhythm in Poetry)。在這份研究報告中，聞一多先講節奏的定義，說明節奏有生理的基礎。其次說明節奏的特質以及節奏在各種不同的藝術中的體現。他最後說明詩的節奏，包括中國新詩和傳統舊詩的節奏。他也花了許多功夫去研究十九世紀英國詩歌的音節，特別是英國浪漫主義詩歌的節奏和韻律。聞一多這麼做，就像當時許多的新詩人，想借鑒外國的經驗來突破舊詩格律的束縛，創造中國的新詩。

　　寫了《詩的音節底研究》後四個月，聞一多又寫了與這份報告有密切關係的《律詩底研究》。當時大家都主張寫新詩，痛詆舊詩受格律的束縛，聞一多卻研究律詩，顯出他的冷靜和不隨便附和潮流的態度。他研究律詩是為了找尋中國詩原來的特質，以便更有根基地發展新詩。

　　聞一多研究律詩的方法是從音節著手，他先分析中國詩的音節由那些因素構成，並注意與英國詩的音節相比較。他指出，構

成中國詩的音節的因素是：平仄、逗和韻。在研究平仄時，他不認爲中國詩中的平仄相等於英國詩中的輕重音，理由是平仄在中國各地方言中並不統一。他也指出，由於平仄沒有規律可尋，所以新詩不必太重視平仄。聞一多敢於推翻傳統對平仄的重視，提出新詩不應再老套地以平仄來談論，而應該以趨向統一和更具國際性的規律來談，這是很有見地的。

聞一多提出「逗」的概念，很值得注意。他指出沒有逗則不能成詩。他所謂「逗」，現在習慣上稱爲「頓」。比如說，七言詩是四頓。根據劉烜的說法，「逗」或「頓」也並不單純是停頓的意思；這裏有時倒包含了聲音延長，或延長後的停頓。大體上，它表示一個詩行中的幾個聲音單位。聞一多把逗和英國詩的格律比較，認爲「大概音尺在中詩當爲逗。『春水』『船如』『天上坐』實爲三逗。合逗而成句，猶合尺(meter)而成行(line)也。逗中有一字當重讀，是謂『拍』。『春』『船』『天』『坐』著拍之字也。」[95]聞一多的創見，不但是他以後研究《詩的格律》[96]等理論的先聲，而且在整個新詩理論研究上，也有一定的功績。

聞一多指出律詩之整齊是直接受音節組織的影響。他說這種均齊的組織，美學家謂之「節奏」。他認爲詩有了節奏，就能有節制地、適當地表達情感。情感太強烈，也會使精神痛苦，有節奏的藝術就能引導人的情感得到正常的表現。聞一多談及節奏在律詩裏的作用時，說：「均齊之藝術納之以就規範，以挫其暴氣，磨其稜角，齊其節奏，然後始急而中度，流而不滯，快感油然生矣。」[97]可見聞一多雖看重情感，也能理智地用節奏把情感藝術化，以期更有效和完全地把情感的美表達出來。

胡適在《嘗試集》裏主張寫「無韻的自由詩」，講求「自然

的音節」，把「那些很接近舊詩的詩變到很自由的新詩。」[98]
聞一多認為胡氏這種對音節的處理方法很可笑，並分析詩歌裏一
定要有音節，才是藝術的道理。他指出「舊詞曲的音節並不全是
詞曲自身的音節，音節之可能性寓於一種方言中，有一種方言，
自有一種『天賦的』（inherent）音節。聲與音的本體是文字裏內
含的質素；這個質素發之於詩歌的藝術，則為節奏、平仄、韻、
雙聲、疊韻等表象。」[99]他進一步地說明，「尋常的言語差不
多沒有表現這種潛伏的可能性底力量，厚載情感的語言才有這種
力量。」他特別強調：「詩是被熱烈的情感蒸發了的水氣之凝結，
所以能將這種潛伏的美十足的、充分的表現出來。」[100]至於「
自然音節」，只是散文的音節，是比不上詩的音節那樣完美的。
因此，聞一多認為凡是用中國文字作詩，而且要作好詩、聲調鏗
鏘的詩，便要用詞曲的音節於詩中。這是件極合藝術原則和自然
的事。他更指出，如果無法承認帶詞曲氣味的音節是美的，就只
有「甘心作壞詩──沒有音節的詩，或用別國的文字作詩。」[101]聞
一多所要說明的是音節在詩中很重要，中國傳統詞曲的音節在新
詩的國境裏並不全是違禁物，不過是要經過一番查驗揀擇罷了。
聞一多本著他對音節的認識去評賞新詩，也在他的詩作中注意這
個問題。[102]

　　總結以上所討論的三個重點，可以知道聞一多很看重詩中的
情感，尤其主張把西方男女戀情式的熾烈情感融入新詩，以求突
破傳統中國文學「第二流情感」的範疇。有了熱烈的情感，還要
等它冷卻後，用幻象裝成有藝術美的詩。聞一多追求豐富而明確
的幻象是受了十九世紀英國浪漫主義詩人如濟滋、柯爾律治等的
影響。他指出中國律詩往往為求格律押韻的完整，限制了幻象的

發揮。沒有繁密的幻象，美的創作便不能實現，更談不上與讀者在幻象上產生共鳴。因此，他大力主張新詩在幻象上擴大其境界，使詩中的藝術更趨完美。至於音節（即節奏）方面，他研究了英國浪漫主義詩歌和中國律詩的節奏後，爲新詩的音節提出很好的意見，同時證明節奏在新詩中的重要性。他指出新詩在音節上應該找出有規律的原則：既然平仄因方言而異，可以不必強調；但「逗」的概念則值得更進一步的研究。他一面主張放寬音律以發展幻象，一面提醒新詩人，說舊詞曲中的音節有其保留的價值。

　　聞一多以上所論有關情感，幻象和音節的問題，都是先檢討傳統的看法，才借西洋詩論之長，補己之短，而把理想中的新詩詩論熔鑄出來。所以，他受西方影響後所形成的詩論，實際上是從傳統的基礎上，創造出中西融合的「寧馨兒」。如果單從他所受的西洋影響來說，那麼，他在這時期主要是受了英國浪漫主義的影響。因此，他研究詩中的情感、幻象和音節時，都含有濃厚的浪漫主義色彩。

【註釋】

[1]《全集·年譜》，頁7。

[2]同上，頁15，24。

[3]同上，頁27。聞一多的詩，未收入《全集》中的不少，散見於《清華周刊》、《現代評論》、《小說月報》、《晨報副刊》、《晨報詩刊》、《新月》、《詩刊》等報刊。最近出版的一本詩集是由周良沛編的《詩集》，該書把聞一多的詩收集得最齊全，很有參考價值。郭道暉和孫敦恒等合編《詩文集》，收集了聞一多在清華及留美初期（1912至1923年），發表在《清華周刊》、《清華學報》及其他校內刊物如級刊《辛酉鏡》

等詩、文共88篇，提供了研究聞一多的第一手資料，極有參考價值。梁錫華編的《佚詩》也收集了一些聞一多的遺佚作品，如《奇迹》一詩。該書也有參考價值。聞氏寫了《奇迹》之後，很少寫詩。但1948年6月北京出版的《詩聯叢刊》上，登過他的兩首諷刺詩，這可能是他遇害前不久所作。

[4]關於聞一多的詩歌理論，可參考秋吉久紀夫《聞一多について》，見《變革期の詩人たち──現代中國詩人論》（東京：飯塚書店，1964），頁32。

[5]這比他創作第一首新詩《西岸》在時間上來得遲。

[6]原載《清華周刊》，第七次增刊（1921年6月），頁8-25；亦見《詩文集》，頁109-120。

[7]原文未發表，不少段落被引用於劉烜《聞一多評傳》，頁107。

[8]《全集·丁》，頁141-184。

[9]原文未發表，散見於劉烜《聞一多評傳》，頁107-112。

[10]聞一多在美國認識了一位在芝加哥藝術學院教法文，有東方熱的溫特先生(Robert Winter)；當代詩人夢若(Harriet Monroe, 1912年美國《詩刊》*Poetry*的創辦人）；還有桑德堡(Carl Sandburg)和洛威爾（ Amy Lowell）等人。1922年11月，聞一多在家信中說：「我到芝加哥來比別人都僥倖些，別人都整天在家無法與此邦人士接交，而我獨不然。」（見《家書》《全集·庚》，頁71。）

[11]《建設的美術》，見《詩文集》，頁65。

[12]《徵求藝術專門的同業者底呼聲》，同上，頁78；原載《清華周刊》，期192（1920年10月1日），頁1-6。

[13]同上。

[14]《建設的美術》，見《詩文集》，頁65。

[15]參考Donald W. Crawford, *Kant's Aesthetic Theory* (Madison: The University of Wisconsin Press, 1974), pp. 142-159.

[16]《徵求藝術專門的同業者底呼聲》，見《詩文集》，頁79。

[17]同上。

[18]同上。

[19]《女神之地方色彩》，見《全集‧丁》，頁195-202。

[20]如聞一多在1943年所寫的《文學的歷史動向》，見《全集‧甲》，頁201-206。

[21]《徵求藝術專門的同業者底呼聲》，見《詩文集》，頁79。

[22]《建設的美術》，同上，頁66。

[23]《徵求藝術專門的同業者底呼聲》，同上，頁79-80。

[24]《對於雙十祝典的感想》，同上，頁87；亦見《清華周刊》，期195（1920年10月22日），頁15-17。

[25]見《詩文集》，頁73。

[26]轉引自宗白華《美學散步》，頁211。

[27]《電影是不是藝術》，見《詩文集》頁93；亦見《清華周刊》，期203（1920年12月17日），頁14-24。

[28]《徵求藝術專門的同業者底呼聲》，見《詩文集》，頁79。

[29]《女神之地方色彩》，見《全集‧丁》，頁195。

[30]參考橫山永三《〈聞一多とその詩〉の一考察》，見《山口大學文學會志》，卷12期1（1961年），頁1-21。

[31]聞一多接受蔡元培的美學教育理論。

[32]《給梁實秋吳景超翟毅夫顧毓琇熊佛西諸先生》，見《全集‧庚》，頁27。

[33]關於藝術家與個性的關係，參考 M. H. Abrams, "Literature as a

Revelation of Personality", *The Mirror and the Lamp* (New York: Oxford University Press, 1971), pp. 226–262.

[34]《評本學年〈周刊〉裏的新詩》，見《詩文集》，頁116–117。

[35]同上，頁117。

[36]《全集·年譜》，頁13。

[37]《莪默伽亞謨之絕句》，見《全集·丁》，頁216。

[38]參考Amitendranath Tagore, *Literary Debates in Modern China 1918–1937* (Tokyo: The Centre of East Asian Culture Studies, 1967), passim; Hsu Kai-yu, ed. and trans., *Twentieth Century Chinese Poetry: An Anthology* (Garden City, N. Y.: Doubleday & Co., 1963), Introduction.

[39]茅盾《大轉變時期何時來呢？》，見李何林編著《近二十年中國文藝思潮論》（上海：生活書店，1945），頁86。

[40]茅盾《新文學研究者的責任與努力》，此文在1921年2月發表，見張若英編《新文學運動史資料》（上海：光明書局，1936），頁297。

[41]成仿吾《新文學之使命》，此文在1923年5月發表，見趙家璧主編《中國新文學大系·第二集·文學論爭集》（以下簡稱《大系》），（上海：良友總公司，1936），頁180。

[42]郭沫若《文學之社會的使命》，見張若英編《新文學運動史資料》，頁339–340。

[43]參考王瑤《中國新文學史稿》（上海：新文藝出版社，1954），上卷，頁40–58；劉綬松《中國新文學史初稿》（北京：作家出版社，1956），上卷，頁127–146。

[44]《冬夜評論》，見《全集·丁》，頁184。

[45]《評本學年〈周刊〉裏的新詩》，見《詩文集》，頁115。

[46]《給梁實秋吳景超翟毅夫顧毓琇熊佛西諸先生》，見《全集·庚》，頁 21-22。

[47]《電影是不是藝術》，見《詩文集》頁96。

[48]同上，頁97。

[49]同上，頁95。

[50]《全集·丁》，頁185-194。

[51]同上，頁203-221。

[52]散見於《全集·庚》及《全集·年譜》。

[53]聞一多在文中表示接受英國詩人蒲伯（Alexander Pope, 1688-1744)對 文藝批評家所下的定義，他引了以下的名句：

> The generous critic fanned the poet's fire,
>
> And taught the world with reason to admire,
>
> Then critcism the muses' handmaid proved,
>
> To dress her charms, and make her more beloved.

[54]《評本學年〈周刊〉裏的新詩》，見《詩文集》，頁109。

[55]《冬夜評論》，見《全集·丁》，頁161。

[56]參考橫山永三《〈聞一多と その詩〉の一考察》，見《山口大學文學會 志》，卷12期1，頁19-20。

[57]《詩文集》，頁96。

[58]原信未發表，轉引自劉烜《聞一多評傳》，頁92。

[59]同上。袁枚的話，參考《隨園詩話》（北京：人民文學出版社，1982）， 下冊，頁565。

[60]劉烜《聞一多評傳》，頁91-92。

[61]《評本學年〈周刊〉裏的新詩》，見《詩文集》，頁116。

[62]《給左明先生》，見《全集·庚》，頁43-44。

[63]聞一多對於避免刻露的毛病的說法，很像英國現代著名詩人艾略特（T. S. Eliot, 1888-1965)所說的，藝術的情感不應該是個人的，詩人必須要能完全放棄自我在詩中的表現，才能達到非個人（impersonal）的地步，這樣的詩才有長久的價值，不限於個人某時的情感。見T. S. Eliot, "Tradition and the Individual Talent", *The Sacred Wood* (London: Methuen & Co Ltd., 1974), pp. 47-59.

[64]《冬夜評論》，見《全集·丁》，頁172。

[65]同上，頁176。

[66]同上，頁177。

[67]同上。

[68]同上。

[69]同上，頁178。

[70]同上，頁179。

[71]《朱自清文集》（香港：文學研究社，1972），第二冊，頁453。

[72]原文未見，轉引自陸耀東《論聞一多的詩》，見《中國現代文學研究叢刊》（北京：北京出版社，1981年），期1，頁191-192。

[73]聞一多的情感說從一方面說，是中國古典美學中情感理論的繼承和發展。《文心雕龍·定勢》完備地揭示情感產生藝術的基本規律，而有「因情立體」之說。〔見范文瀾《文心雕龍注》（台灣：開明書店，1958），卷6，頁24〕近人梁啓超更特別重視情感在韻文所占的地位。〔參考所著《中國韻文裏頭所表現的情感》，見《飲冰室全集》（上海：中華書局，1936），第十三冊，頁70-140〕。在另外一方面，聞一多的情感說又和西方美學有密切的關係，特別受到浪漫主義「藝術表現情感」說的影響。〔關於西方浪漫主義「藝術表現情感」的說法，參考朱光潛《西方美學史》(香港：文化資料供應社，1977)，下卷，頁353-354。〕

[74]《冬夜評論》，見《全集·丁》，頁161。

[75]劉烜《聞一多評傳》，頁90。聞一多所說的「幻象」，雖然在實際內容上接近「想像」，但是在字眼上卻容易產生混淆，而引起誤會。因為「想像」(imagination)和「幻想」(fancy)是不同的：「幻想」是雜亂的，漂浮無定的；「想像」則是受全體生命支配的，有一定的方向和必然性的推想。再說，「幻想」有礙美感；「想像」則有助美感。參考朱光潛《文藝心理學》（台灣：開明書店，1966），頁96。

[76]原信未發表，轉引自劉烜《聞一多評傳》，頁92。

[77]參考William Walsh, "John Keats", *The Pelican Guide to English Literature 5*. ed., Boris Ford (Middlesex: Penguin Books, 1979), p. 221.

[78]原信未發表，轉引自劉烜《聞一多評傳》，頁92。

[79]同上。

[80]同上，頁91-92。

[81]何文煥輯《歷代詩話》（北京：中華書局，1981），上冊，頁267。

[82]《冬夜評論》，見《全集·丁》，頁146，161。

[83]同上，頁151。

[84]同上，頁162，168。

[85]同上，頁151。

[86]Maurice Burton Forman (ed.), *Letters* (New York, 1948), pp. 71, 108.

[87]《評本學年〈周刊〉裏的新詩》，見《詩文集》，頁118。

[88]同上，頁109。

[89]同上，頁110。

[90]見郭慶藩《莊子集釋·外物》（北京：中華書局，1978），頁939。

[91]韓愈《病中贈張十八》，見《全唐詩》（北京：中華書局，1979），第十冊，卷340，頁3816。

[92]《冬夜評論》，見《全集·丁》，頁168。

[93]兪平伯《冬夜·自序》（上海：亞東圖書館，1933）。

[94]《冬夜評論》，見《全集·丁》，頁168。

[95]原文未發表，轉引自劉烜《聞一多評傳》，頁109；關於中文詩的頓與英詩的步的不同，參考朱光潛《詩論》（北京：三聯書店，1984），頁179–181。

[96]《全集·丁》，頁245–254。

[97]見劉烜《聞一多評傳》，頁110。

[98]胡適《嘗試集再版自序》，見《大系·第一集·建設理論集》，頁315。

[99]《冬夜評論》，見《全集·丁》，頁143。

[100]同上。

[101]同上。

[102]本文將在第五章討論這一點。

第四章　後期的詩歌理論

聞一多後期的詩歌理論可分爲兩階段：第一階段是從1923年10月至1931年，第二階段是從1932年至1946年。

一、兩種主義的結合

第一階段是指聞一多的第一本詩集《紅燭》出版後，到他寫《奇迹》這首詩爲止；也就是從1923年10月他去珂泉唸書，到1931年他回國的一段時期。聞一多在這期間對於新詩的評論，可見於以下的文章：《泰果爾批評》[1]，《文藝與愛國——紀念三月十八》[2]，《詩的格律》[3]，《詩人的橫蠻》[4]，《戲劇的歧途》[5]，《先拉飛主義》[6]，《論〈悔與回〉》[7]，《談商籟體》[8]，《鄧以蟄〈詩與歷史〉題記》[9]等。

㈠從浪漫主義過渡到現實主義

聞一多前期的詩論不論涉及內容或形式，都偏重浪漫主義的理論。可是到了珂泉後，他的論調已逐漸從浪漫主義過渡到現實主義。

聞一多很清楚地指出文藝一定得「把捉到現象」；文學是「生命的表現」。[10]他認爲「普遍性是文學底要質，而生活中的經驗是最普遍的東西，所以文學底宮殿必須建在生命底基石上。」[11]可見他極力主張文學的內容要反映現實的生活經驗。甚至對形而上的詩，他也有同樣的要求：「形而上學惟其離生活

遠，要它成爲好的文學，越發不能不用生活中的經驗去表現。」
[12]他並且指出「形而上的詩人若沒有將現實好好的把捉住，他
的詩人的資格恐怕要自行剝奪了。」[13]

　　聞一多認爲泰果爾(Rabindranath Tagore, 1801-1941)是失
敗的詩人，因爲他有著「否定生活」的印度思想。[14]人生對他
來說，不是文藝的對象，只是宗教的象徵。[15]因此，他所講的
「父親」，「主人」，「愛人」，「弟兄」，「朋友」等都不是
血肉做的人，而是上帝。[16]聞一多說他「摘錄了些人生的現象，
但沒有表現出人生中的戲劇；他不會從人生中看出宗教，只用宗
教來訓釋人生。」[17]這樣的文學只表現「靈性的美」而沒有「
官覺的美」，沒有「把捉住現實」。[18]同時，聞一多也批評所
謂「浪漫」的詩人：「見了一片紅葉掉下地來，便要百感交集，
『淚浪滔滔』，見了十三齡童的赤血在地下踩成泥漿子，反而漠
然無動於中。這是不是不近人情？」[19]由此可見，他反對只談
靈性美，而不把「文學的宮殿建立在現實人生基石上」的詩人；
他更指責那些只有熱烈的情感，豐富的幻想而沒有現實精神的詩
人。

　　聞一多認爲「詩人應該是一張留聲機的片子，鋼針一碰著，
他就響。他自己不能決定什麼時候響，什麼時候不響。他完全是
被動的。他是不能自主，不能自救的。詩人做到了這個地步，便
包羅萬有，與宇宙契合了。換句話說，就是所謂偉大的同情心——
—藝術的眞源」。[20]艾略特曾說過：「在任何時代中，詩人最
重要的是以個人的獨特性去表達普遍的思想，而且不看作是詩人
的責任，乃是詩人自然的作法。」[21]艾略特也指出：「一個偉
大的詩人在寫他自己的同時，也寫出了他的時代。」[22]上述聞

一多的意思，正和艾氏所說的相同。

聞一多主張詩應該與歷史攜手，「不當專門以油頭粉面，嬌聲媚態去逢迎人，……應該有點骨格，這骨格便是人類生活的經驗。」[23]他的這番見解，可能是受到阿諾德(Matthew Arnold, 1822-1888)和艾略特的啓示。阿諾德說「詩是生活的批評」[24]，艾略特則在《傳統和個人的才能》一文中強調：詩人若要知道該寫些什麼，就不能只活在現時中，而是要活在存有過去的現時中。[25]聞一多在前期裏，雖然談及文學反映現實的問題，但那是不自覺的；直到1923年初他才指責一些詩人中了「藝術爲人生」的毒。[26]在1923年底從他寫《泰果爾批評》一文開始，他更自覺地認爲詩的內容應該反映現實人生，詩人應該是現實生活的發言人。聞一多對詩的題材和詩人的看法顯然已從浪漫主義過渡到現實主義中了。

(二)主張忠於詩的藝術

聞一多雖然認爲詩的內容應該反映現實人生，但他卻反對絕對的現實主義[27]，而主張在表現上忠於藝術的本質。他批評當時的戲劇家提起筆來，「一不小心，就有許多不相干的成分粘在他筆尖上了——什麼道德問題，哲學問題，社會問題……都要粘上來了。」他進一步指出：「問題粘的愈多，純形的藝術愈少。」[28]乍看之下，似乎令人覺得聞一多自相矛盾，既主張文學反映人生，又反對文學中談人生的問題。其實，聞一多並不反對文學反映人生，他所批評的是那些只顧反映人生而忽略文學藝術特質的作品。他一再肯定「眞正有價値的文藝，都是『生活的批評』」，但是「批評生活的方法多著了，何必限定是問題戲？」[29]他舉出大戲劇家莎士比亞(William Shakespeare, 1564-1616)、

辛格等來證明他們雖沒有寫過問題戲，他們的戲劇卻能透徹地批評生活。[30]他說，「若是僅僅把屈原、聶政、卓文君，許多的古人拉起來，叫他們講了一大堆社會主義，德謨克拉西(Democracy)或是婦女解放問題，就可以叫作戲，甚至於叫作詩劇，老實說，這種戲，我們寧可不要。」[31]他所持的理由是：如果只注重思想，便看不見戲劇中的其他部份，而「藝術最高的目的，是要達到『純形』pure form的境地。」[32]因此，他所反對的是沒有藝術成份的絕對現實主義的作品。

聞一多對戲劇的看法同樣地反映在他詩評中。他認爲詩應該反映人生，「文學的宮殿必須建在現實的人生底基石上」。但是詩中不應該含有哲理，他把看懂哲言比作「猜中了燈謎底勝利的歡樂」，而詩所要達到的卻是「審美的愉快。」[33]他明確地指出「詩家的主人是情緒，智慧是一位不速之客。」[34]他認爲指示眞理的詩不是好詩，好詩應該要「能激動我們的情緒，使我們感覺到生活底溢流。」由此可見，他重視詩中的情感，批評那些只有「哲理」，「智慧」，沒有「情緒」的詩，極力要保留詩中的情緒之美。聞氏這一主張和英國詩人雪萊的見解相似。雪萊曾經批評過一個西班牙的戲劇家提出千篇一律的理想主義，沒有根據人類激情的眞實寫出活生生的人物。[35]聞一多也認爲一個成功的畫家把物象表現出來時，要能夠「叫看畫的人也只感到形狀色彩的美，而不認作茶杯。」[36]在用字上，他的看法是「明徹則可，赤裸卻要不得。……赤裸了便無暗示之可言，而詩的文字那能丟掉暗示性呢？」[37]可見他如何重視詩中的美感。

聞一多認爲一個詩人的詩如果沒有形式，他就只是個詩人而不是個藝術家了。[38]他說「我不能相信沒有形式的東西怎能存

在，我更不能明了若沒有形式，藝術怎能存在！」[39]他不認爲形式應該是固定的，但是堅持能稱爲藝術的詩必定是有形式的，尤其是抒情詩。他引了佩特(Walter Horatio Pater,1839-1894)的話說「抒情詩至少從藝術上講來是最高尙最完美的詩體，因爲我們不能使其形式與內容分離，而不影響其內容之本身。」[40]因此，詩如果要忠於藝術的表現，就必須要有形式；而且形式也要和內容配搭，以達到詩的效果。

　　㈢講求更完整的形式

　　聞一多和徐志摩同屬新月派[41]，他們在1926年4月，在北京《晨報》副刊《詩鐫》開闢了一塊園地，叫《詩刊》。徐志摩在《詩刊弁言》裏表明了他們創作的原意，也可以代表聞一多的心意：

> 我們信詩是表現人類創造力的一個工具，與音樂與美術是同等同性質的；……我們自身靈裏以及周遭空氣裏多的是要求投胎的思想的靈魂，我們的責任是替它們構造適當的軀殼，這就是詩文與各種美術的新格式與新音節的發見；……完美的形體是完美的精神唯一的表現；……文藝的生命是無形的靈感加上有意識的耐心與勤力成績。[42]

徐氏也說聞一多不僅是詩人，他也是「最有興味探討詩的理論和藝術的」，並說他們幾個寫詩的朋友多少都受到聞氏的影響。[43]近代英國大詩人艾略特也是非常重視形式的詩人和評論家，他評論詩劇時，往往不概括性地下評語，而是專門仔細地研究一些技術性的問題，以此爲準則來解釋全篇的特質。[44]葉芝(William Butler Yeats, 1865-1939)也認爲：只有當形式同沉思、冥想、聯想和象徵相結合時，才完全進入創作的境界。[45]他的結論是：

「任何人也不能否認形式——任何形式——的重要性。」[46]

聞一多在1926年4月到6月之間，發表了幾篇論文以說明詩歌形式的重要性。[47]他把詩比作下棋，詩沒有形式就像一盤沒有規律的棋一樣，無法在規定的格律中出奇致勝，失去了遊戲的趣味。他引用杜甫的名句：「老去漸於詩律細」[48]以及歐陽修贊韓愈的話「得窄韻，則不復傍出，而因難見巧，愈險愈奇……」[49]來支持他的論點：「越有魄力的作家，越是要戴著腳鐐跳舞才跳得痛快，跳得好。只有不會跳舞的才怪腳鐐礙事，只有不會做詩的才感覺得格律的縛束。對於不會作詩的，格律是表現的障礙物；對於一個作家，格律便成了表現的利器。」[50]有人指出他這種看法很像法國詩人戈蒂耶（Theophile Gautier, 1811-1872)重視詩藝的態度。戈蒂耶說一首詩，應該是由詩人的精心刻意去雕鏤而成，就像一個雕刻家孜孜不倦地在一塊堅硬的頑石上雕刻出他的藝術品一樣。[51]

聞一多認為詩的形式有直接影響詩的情感的效果，他說：「詩的所以能激發情感，完全在它的節奏；節奏便是格律。」[52]他舉大文豪莎士比亞為例，說他的詩劇裏，往往在情緒緊張到萬分時，便用韻語來描寫；他說歌德(Johann Wolfgang Goethe, 1749–1832)也是用同樣的手段。[53]

1.反對自然主義

當時的詩壇流行著「皈依自然」的口號，主張寫自然音節的詩或提倡「詩可無韻」說。這個風氣一面是受外國「自由詩」的影響[54]，一面是為了擺脫舊詩詞格律的束縛而興起的改革。胡適在他的《嘗試集》序言中，便主張寫「無韻自由詩」而順從「自然的音節」。[55]胡適是主張自然主義的中堅分子。康白情也

是自然派的跟從者，他說：「新詩在詩裏既所以圖形式底解放，那麼舊詩裏所有的陳腐規矩，都要一律打破。最戕賊人性的是格律，那麼首先要打破的就是格律。」[56]

聞一多就是針對這些高喊自然主義的詩人解釋格律的必要性。他說「自然並不盡是美的。自然中有美的時候，是自然類似藝術的時候。」「不過自然界的格律不圓滿的時候多，所以必須藝術來補充它。」[57]所以他同意王爾德(Oscar Wilde,1854-1900)的話：「自然的終點便是藝術的起點。」[58]藝術在本質上是一種創造，創造藝術雖是根據自然或客觀現實，不能無中生有；但也必須超越自然或客觀現實，不是依樣畫葫蘆，而是能動地反映現實。絕對的寫實主義將流於自然主義，而否定藝術。[59]所以聞一多進一步地說：「絕對的寫實主義便是藝術的破產。」[60]柯爾律治也說，藝術家若只模仿自然，便是無謂的努力，必須掌握住本質，這就得先在自然和人的靈魂之間有一種結合，因爲人要按智力嚴格的規律，從心中創造形象。[61]因此，聞一多指出在自然界裏若偶然發現出美來，就像在言語裏發現一點類似詩的節奏，如果這樣便說言語就是詩，便要打破詩的音節，要它變得和言語一樣，簡直是詩的自殺政策了。聞一多並不反對用「土白」作詩，只是堅持土白須要一番鍛鍊的工作，然後才能成詩。[62]朱自清也批評當時的詩是做得「太自由些」[63]，少有人如兪平伯能融舊詩的音節入白話的。[64]

2.反對絕對的浪漫主義

當時又有一派詩人是主張絕對的浪漫主義的，郭沫若便是代表之一。他認爲詩的本職專在抒情，在自我表現，詩人的利器只有純粹的直覺，並以自然流露爲上乘，所以說「詩不是『做』出

來的，只是『寫』出來的。」他說：

> 只要是我們心中的詩意、詩境底純真的表現，生命源泉中
> 流出來的Strain，心琴上彈出來的Melody，生之顫動，靈
> 底喊叫，那便是真詩，好詩，便是我們人類歡樂底源泉，
> 陶醉的美釀，慰安的天國。[65]

浪漫主義如果落到主觀主義，使文藝創作成為主觀情感和幻想的
漫無約束和剪裁的傾瀉，它也會流為自然主義，否定藝術[66]，
這是聞一多所反對的。所以聞一多很激動地指責他們「沒有創造
文藝的誠意」，也「沒有注重到文藝的本身」。他說：

> 他們的目的只在披露他們自己的原形。顧影自憐的青年們
> 一個個都以為自身的人格是再美沒有的，只要把這個赤裸
> 裸的和盤托出，便是藝術的大成功了。……他們確乎只認
> 識了文藝的原料，沒有認識那將原料變成文藝所必須的工
> 具。……他們最稱心的工作是把所謂「自我」披露出來，
> 是讓世界知道「我」也是一個多才多藝，善病工愁的少年
> ；並且在文藝的鏡子裏照見自己那個儻的風姿，還帶著幾
> 滴多情的眼淚。[67]

聞一多反對詩人以「自我表現」為寫詩的態度。他認為詩人有了
「文藝的原料」之外，還得「認識那些將原料變成文藝所必須的
工具」，也就是要用幻象和格律把詩變成藝術品。[68]艾略特也
說過類似的話。他指出詩並不是任意流露情感，而是逃避情感；
不是表現個性，而是逃避個性。他也說詩人不該表現「個性」，
而應該像一個媒介體把各種印象和經驗用奇妙的方式把它們融合
起來。[69]美國詩人惠特曼也說：「我憑我的氣質來經受、來描
寫，而又不帶有我氣質的一點兒影子。」[70]他們都認為單是有

豐富的情感和個性的語言不能成詩，必須經過藝術加工之後才能登上「文藝」的大雅之堂，可見他們非常嚴肅地看待詩的藝術性。

3.反駁「格律」即「復古」說

當時也有人懷疑聞一多所講的詩的格律是復古，如康白情說過：「新詩所以別於舊詩而言。舊詩大體遵格律，拘音韻，講雕琢，尙典雅。新詩反之，自由成章而沒有一定的格律，切自然的音節而不必拘音韻。」[71]他們一心要擺脫舊詩格律的束縛以創造新詩，所以一提到詩的格律，便以爲是復古，認爲新詩便是沒有格律的詩。其實，這是偏激的想法，沒有認清詩的本質。聞一多爲了要替新詩找出正確的方向，便先研究律詩，以了解中國詩的特質，他認爲新詩還是應該保留相當的格律。他研究律詩時說：

> 詩家作律詩，馳騁於律林法網之中，而益發意酣興熱，正同韓信囊沙背水，鄧艾縋兵入蜀一般的伎倆。……格律是藝術必須的條件。實在藝術自身便是格律。精縝的格律便是精縝的藝術。故曰律詩底價值即在其格律也。[72]

聞一多不認爲寫新詩就要把屬於傳統的一切詩論推翻，他認識到文藝不但具有時代性，而且也是一個民族文藝史上的記錄，所以改革詩時，詩人不單要明白當時的文學情況，也要注意詩的發展過程。這樣的看法是更成熟、更有遠見的，也與艾略特在《傳統和個人的才能》[73]一文中的看法相似。聞一多的結論是：

> 世上只有節奏比較簡單的散文，決不能有沒有節奏的詩。
> 本來詩一向就沒有脫離過格律或節奏。[74]

他懷疑當時提出廢除格律的詩人們是抱著時髦、偷懶和藏拙的心理。[75]總之，對聞一多來說，提倡新詩的格律不是復古，只是保留詩應有的本質；反過來說，爲了詩的改革而廢除格律才是詩

史上的謬論，因爲這將使詩失去其藝術的本質。

　　聞一多也指出新詩的格律與律詩有三點的不同：一律詩的格式一成不變，新詩的格式則層出不窮；二新詩的格式是相體裁衣的，它能隨內容而變，以使精神和形體達到調和的美，這種特徵在「印板式的律詩」裏是沒有的；三新詩的格式可以由詩人自己的意匠隨時構造，律詩則不能。[76]因此，聞一多提倡詩的格律決非復古之論。他也反對自然主義和絕對浪漫主義主張拋棄形式的極端論調，他要踏實地從中國詩史的發展中爲新詩找出正確的方向。他帶著時代感說：「音節的方式發現以後，我斷言新詩不久定要走進一個新的建設的時期了。……這在新詩的歷史裏是一個軒然大波。」[77]

4.提倡詩的格律論

　　聞一多所謂詩的格律可以分成兩方面來講：一屬於視覺的，二屬於聽覺的。屬於視覺方面的格律是指「節的勻稱」，「句的均齊」；屬於聽覺方面的有格式、音尺、平仄和韻腳。聞氏認爲這兩方面是息息相關的，因爲一首詩的格式決定節的勻稱，詩的音尺則決定句的均齊。[78]

　　聞一多指出中國文學，不當忽略視覺。因爲中國文字是象形的，中國人鑒賞文藝時，往往用眼睛來傳達印象的，況且文學本是兼具時空性的一種藝術，更應該利用中國文字的特質。因此，他很贊成新詩採用西文詩分行來寫的辦法。他認爲這樣一來，「詩的實力不獨包括音樂的美（音節），繪畫的美（詞藻），並且還有建築的美（節的勻稱和句的均齊）。」[79]聞一多所主張這三方面的美與他所受繪畫的訓練有關[80]，他尤其重視建築的美，認爲這是新詩的一個重要特點。

　　聞一多進一步舉例說明句法整齊不但無礙於靈感的發揮，而且更能帶來音節上的調和：

　　　　孩子們／驚望著／他的／臉色

　　　　他也／驚望著／炭火的／紅光

聞氏把以上兩句詩的每行分成四個音尺，即兩個「三字尺」和兩個「二字尺」。音尺的排列次序可以不規則，但每行必須構成四個音尺的總數。聞一多說，這樣寫出的詩，音節一定鏗鏘，字數也就整齊了。所以，整齊的字句必會產生調和的音節，而音節調和的字句也必定是整齊的，它們是相輔相成的。[81]

　　但是所謂整齊的字句是以音尺而不是以字數作為衡量的標準，所以聞氏提醒說：「字數整齊了，音節不一定就會調和，那是因為只有字數的整齊，沒有顧到音尺的整齊——這種的整齊是死氣板臉的硬嵌上去的一個整齊的框子，不是充實的內容產生出來的天然的整齊的輪廓。」[82]可見聞一多談詩的音節時，重視的是音尺而不是字數。可是如果音尺整齊了，字數也可以隨著而達到整齊的地步。聞氏認為明白了這一點後，就可以了解為什麼字數的整齊在形式上，可以證明詩的內在的精神——節奏的存在與否。如《死水》的每一行都是用三個「二字尺」和一個「三字尺」構成的。（注：如第一行：這是／一溝／絕望的／死水）每行的字數也是一樣。[83]

　　5.聞氏格律說平議

　　烏伯萊在《聞一多詩中的節奏技巧》(Rhythmic Techniques in the Poetry of Wen I-to)一文中說聞一多沒有討論中文的重音。[84]其實，聞一多所強調的音節（節奏）往往以詞為單位，每一詞都有自然的輕重讀法，如「死水」一詞，依平常說話的習

慣，多半把重音放在第一字上。又如「絕望的」一詞，讀時重音多半在「絕」字上。據此，我們可以說中文的詞，重音雖不像英文的那麼明確，但仍有輕重音的分別而形成節奏之感。許芥昱說聞一多提過饒孟侃的文章《談（論）新詩的音節》──討論中國語裏的抑揚：抑揚就是輕讀重讀，聞一多舊詩研究得徹底，對抑揚很熟悉。[85]用抑揚來分析詩句的節奏是行得通的。[86]如果以上的分析正確，那麼，董楚平說聞一多「忽視漢語輕重音不固定、不明顯這個特點，試圖在詩中有規則地安排輕重音」[87]這一看法便有商榷的餘地。

有人批評聞一多，說他以字數來代替英詩的音節是很有問題的，因爲中國語言的節奏，並不是建設在一個字的音上。[88]其實，如上所述，聞一多是以詞爲單位來看待節奏，而不是以字數爲節奏的單位。梁實秋卻說聞一多不該模仿西洋詩以詞爲單位，因爲中文一字一音，它的節奏仍需依賴單字的平仄才能表現出其抑揚頓挫。[89]梁氏這麼說顯然沒有注意到白話文不像文言文以字爲單位，而是以詞爲單位；同時，他也忽略了平仄在各種方言中之不同，沒有規律可言。所以，梁氏主張以單字爲詩行中的單位並注意單字的平仄，這是開倒車的說法。董楚平又批評聞一多格律說的缺點在於限定字數。[90]其實，聞一多的重點是在於音尺的節奏，字數的整齊只是隨著音尺的整齊而拖帶出來的。

新月詩人講究詩的格律，常招致不少批評。有人稱聞一多的作品爲「豆腐干」詩[91]，認爲新月詩人太偏重形式是一種流弊。聞一多的立場是：「我是受過繪畫的訓練的，詩的外表的形式，我總不忘記。既是直覺的意見，所以說不出什麼具體的理由來，也沒有人能駁倒我。」[92]其實，聞一多在《詩的格律》一文裏

已經把理由說得很清楚，但還是招來非議，原因大概是如徐志摩所說的：「我們學做詩的一開步就有雙層的危險，單講『內容』容易落了惡溢的『生鐵門篤兒主義』（按：即sentimentalism)或是『假哲理的唯晦學派』；反過來說，單講外表的結果只是無意義乃至無意義的形式主義，……我們（按：指新月詩人）爲要指摘前者的弊病，難免有引起後者弊病的傾向，這是我們應分時刻引以爲戒的。」[93]

　　總的來說，聞一多注重詩的格律是由於認識到詩的本質是藝術，所以，詩之有借於格律音節，如同繪畫之有借於形色線[94]，才能表現出藝術的美來。雖然，聞氏所講的格律招來一些批評，但他既然是「新詩的開路人」之一[95]，在新詩的發展上占有一席之地；那麼，他所主張的格律說總有它的貢獻。如果從語言文字結構上來比較中西文的不同，那麼，可以說：中文是以形爲主的表意文字，講求儷偶、氣勢、語言讀上去優美，但缺乏明確的概念和具體的分析；西文是拼音文字，以音爲主，注意詞性，結構，時態，其美學論著強調層層深入，絲絲入扣。[96]聞一多能突破中國傳統上對語言文字結構的模糊概念，進一步地研究語言文字結構在詩中的作用，顯然是受了西洋詩論的影響。他嘗試吸取中外詩學格律的精華，爲新詩的形式開出一條道路，他的功勞是不可抹煞的。

　　聞一多這時的詩論和前期最大的不同在於他對文學功能的看法。從他寫《泰果爾批評》一文開始，就主張「文學的宮殿必須建在人生底基石上」。從這時起，聞一多放棄了浪漫主義「爲藝術而藝術」的思想，接近現實主義描寫現實人生的主張。英美詩人如阿諾德、艾略特、葉芝等都在他們的詩論中強調現實精神的

重要性，聞一多可能是受到他們的影響。

聞一多在詩的內容上固然是偏重現實主義，但他仍然保留「詩是藝術」的信念，所以非常重視詩的情感和形式所給予人的美感。他對詩歌形式的理論雖是延續過去的看法，卻更清楚地強調詩要重視形式的理由，也更完整地給新詩的格律提出一套理論。在這一點上，他保持浪漫主義詩人重視美的精神。但是，聞一多決不是爲形式而談形式，而是爲了追求詩的「精神與形體調和的美」，補充五四以來忽略詩藝的現象。[97]聞一多認爲新詩應具有三種美——音樂美，繪畫美和建築美，這令人聯想到葉芝所說的話：「一種感情在找到它的表現形式——顏色、聲音、形狀或某種兼而有之之物——之前，是並不存在的，或者說，它是不可感知的，也是沒有生氣的。」[98]

聞一多既然兼重內容的現實性和形式的美化，於是便調和了現實主義反映現實人生的精神和浪漫主義追求藝術美的理想。現代英美大詩人如艾略特和葉芝都是一面強調詩的時代和現實感，一面重視詩的藝術和形式美。朱光潛指出浪漫主義和現實主義非但沒有矛盾，而且可以相輔相成。他說「歷史上偉大文藝作品所體現的浪漫主義與現實主義的統一正足以證實美學中主觀與客觀的統一。」[99]準此來衡量聞一多這時的詩論，可說是已發展到更成熟的地步了。[100]

二、風格的逆轉

聞一多在1931年寫了《奇迹》之後便很少寫新詩，專心研究中國古典文學。但是，在這以後，他仍然發表一些對新詩的意見，尤其在1939年以後，他陸續地在他的雜文和演講中探討新詩和文

藝的問題。本節爲了更全面地了解聞一多在他生命的後期對新詩的看法，便把他在1931年以後到他在1946年逝世爲止有關新詩和文藝的文章以及演講加以分析，嘗試歸納出第二階段的詩論。這期間聞氏所發表有關新詩的文章有：《〈烙印〉序》[101]、《〈西南采風錄〉序》[102]、《時代的鼓手》[103]、《〈三盤鼓〉序》[104]；演講有《詩與批評》[105]、《艾青和田間》[106]，以上是構成本段討論的主要材料。此外《文學的歷史動向》[107]、《人民的詩人——屈原》[108]、《屈原問題》[109]、《新文藝和文學遺產》[110]、《戰後的文藝道路》[111]、《論文藝的民主問題》[112]等文，則作爲補充的資料。

　㈠強調詩歌的社會意義

　　在第一階段的詩論裏，我們看到聞一多主張文學要反映現實人生。在第二階段裏，他不但講文學必須是「人生命的文學」，更進一步地強調文學的社會和教育意義，甚至過渡到「爲人生而藝術」的思想。

　　他認爲詩一定要有它的生活的意義，他引了臧克家的詩句，嚴肅地說他所要的詩不是「混著好玩」的，而是「生活」。[113]他也指出文學應該有教育的意義[114]，並說新文學之所以和舊文學不同，就是因爲它是與思想、政治不分的。[115]聞一多進一步強調詩與社會的關係：「詩是社會的產物，若不是於社會有用的工具，社會是不要他的。」[116]聞一多之所以這麼強調詩歌的社會意義，也許因爲他自己是一位詩人，能夠看透詩在社會裏的功用，他說：

　　　　我們念了一篇詩，一定不會是白念的，只要是好詩，我們
　　　念過之後就受了他的影響：詩人在作品中對於人生的看法

影響我們，對於人生的態度影響我們，我們就是接受了他
的宣傳。詩人用了文字的魔力來征服他的讀者，先用了這
種文字的魅力使讀者自然地沉醉，自然地受了催眠，然後
便自自然然的接受了詩人的意見，接受他的宣傳。[117]

聞一多既然非常重視詩在社會中的作用，因此他要保證詩中的思
想是正確的。這樣一來，他評價詩的標準便決定於他的社會價值
觀了。

㈡重視詩的「價值論」過於「效率論」

聞一多說有的人讀一首詩只注意到詩中所宣傳的價值，這是
對於詩的「價值論」者；有的人卻單單看重詩的藝術效果和技巧
是否給予人舒適的感受，這是對於詩的「效率論」者。他認為偏
重任何一種都不對，應該二者兼顧。[118]但是，他一再提醒詩人
只顧到詩的「效率」的危險：

一篇詩作是以如何殘忍的方式去征服一個讀者。詩篇先以
美的顏面去迷惑了一個讀者，叫他沉於字面，音韻，旋律
，叫他為這些奉獻了自己，然而又以詩人的偏見深深烙印
在讀者的靈魂與感情上，然而這是一個如何的烙印——不
負責的宣傳已是詩的最大罪名了。[119]

他認為詩人一定要注意一首詩對社會風氣的影響，看它是否有益
於社會。同時，他也反對政治對文藝限制過嚴的偏見。他說：

在蘇聯和別的國家也許用一種方法叫詩人負責，方法很簡
單，就是，接著詩人的鼻子走，如同牽牛一樣，政府派詩
人做負責的詩，一個紀念，叫詩人做詩，一個建築落成，
叫詩人做詩，這樣……的作品，只是宣傳品而不是詩了。
既不是詩，宣傳的力量也就小了或甚至沒有了。最後，這

些東西既不是詩，也不是宣傳品，則什麼都不是了。[120]
但是，聞一多最終所要強調的，是詩的社會價值比詩的藝術更重
要：

> 我是重視詩的社會的價值了。我以爲不久的將來，我們的
> 社會一定會發展成爲Society of Individual,Individual
> for Society(社會屬於個人，個人爲了社會）的，詩是與
> 時代共同呼吸的，所以我們時代不單要用效率論來批評詩
> ，而更重要的是以價值論詩了，因爲加在我們身上的將是
> 一個新時代。[121]

聞一多在後期的第一階段裏是要求詩的「精神和形體的調和
美」。但是在第二階段裏，他改變了評價詩歌的標準，一再強調
詩的社會價值比其藝術表現更重要了。他在前期裏所重視的浪漫
的幻想等，在後期第二階段裏都轉爲次要的了。他批評艾青說：
「他用浪漫的幻想，給現實鍍上金，但對赤裸裸的現實，他還愛
得不夠。」[122]另一方面，他讚揚田間，因爲他的詩「擺脫了一
切詩藝的傳統手法，不排解，也不粉飾，不撫慰，也不麻醉，它
不是那捧著你在幻想中上升的迷魂音樂。它只是一片沉著的鼓聲，
鼓舞你愛，鼓舞你恨，鼓勵你活著，用最高限度的熱與力活著，
在這大地上。」[123]他認爲詩的先決條件是「生活欲，積極的，
絕對的生活欲」。[124]他不再重視詩中的藝術成份，所以,當人家
說他的詩只限於技巧,他很激動地說:「我眞看不出我的技巧在那
裏。……我只覺得自己是座沒有爆發的火山。」[125]在他看來，詩
中有著生活的熱和力，而忽略了詩的外形的完美是值得的。[126]

他偏重詩歌的社會價值遠過於詩歌的藝術形式，顯然是異於
前期重視詩的藝術的說法，這和他個人在當時社會中的生活經驗

是分不開的。

㈢批判「溫柔敦厚」的詩風

聞一多審美的觀點改變後,他鑒賞詩歌的趣味也改變了。聞一多在二十年代極力提倡「溫柔敦厚」的詩風,甚至認爲「濫觴的民衆藝術」是詩神踏入了「一條迷途」。[127]到了三十年代末,他的藝術趣味就明顯不同了。他開始讚美民謠的坦率明朗,提倡「野蠻」的「獸性」,即人民的反抗性。他說:「我們文明得太久了,如今人家逼得我們沒有路走,……讓我們那在人性的幽暗角落裏伏蟄了數千年的獸性跳出來反噬他一口。」「還好,四千年的文化,沒有把我們都變成『白臉斯文人』!」[128]他反對一味「風雅」,主張文學藝術「收拾點電網邊和戰壕裏的『煙雲』或速寫後方『行屍』的行列」。[129]他批判「靡靡之音」的疲困衰竭,也反對「繞樑三日」的吞吞吐吐,而讚美當時田間詩作那種「樸質而健康的鼓的聲律與情緒」。[130]

在這時與前期不同的是,他徹底推翻了中國傳統上「溫柔敦厚」的詩風,他說:「詩的女神良善得太久了,……她受盡了侮辱與欺騙,而自己卻天天還在抱著『溫柔敦厚』的教條,做賢妻良母的夢。」[131]他提醒文藝家不要「被利用了,做了某種人『軟』化另一種人,以便加緊施行剝削的工具。」他高喊:「我在『溫柔敦厚,詩之教也』這句古訓裏嗅到了數千年的血腥。」[132]可見他欣賞詩歌的趣味已從「溫柔敦厚」的說法轉而要求詩中有「藥石性的猛和鞭策性的力」。[133]

㈣主張作「人民的詩人」

聞一多在前期的詩論裏承認他是受了浪漫主義詩人濟慈和李商隱的影響[134];他在《紅燭》的前面,便題了李義山的詩句。[135]

他所崇拜的「藝術的忠臣」[136]則是濟慈。

　　到了後期的第二階段，聞一多對詩人的評價顯然有所改變，他說：

> 我以爲詩人有等級的，……杜甫應該是一等的，因爲他的詩博、大，……你只念杜甫，你不會中毒，你只念李義山就糟了，你會中毒的，所以李義山只是二等詩人了。[137]

他轉而推崇杜甫，因爲杜甫的筆「觸到廣大的社會與人群，他爲了這個社會與人群而共同歡樂，共同悲苦，他爲社會與人群而振呼。」[138]他批判極端的個人主義，要求詩人「從個人的圈子走出來，從小我走向大我。」[139]他極力主張詩人深入社會，寫出屬於社會人群的詩。

　　聞一多這時最推崇的詩人是屈原，因爲：一他的身份是屬於廣大人民群中的；二他最主要的作品《離騷》的形式，是人民的藝術形式；三在內容上，《離騷》又喊出了人民的憤怒；四「最使屈原成爲人民熱愛與崇敬的對象的，是他的『行義』，不是他的『文采』。」[140]他認爲屈原才眞正是人民的詩人，因爲他有以上的四個條件，甚至杜甫都不如屈原。他說：

> 以上各條件，若缺少了一件，便不能成爲眞正的人民詩人。儘管陶淵明歌頌過農村，農民不要他，李太白歌頌過酒肆，小市民不要他，因爲他們既不屬於人民，也不是爲著人民的。杜甫是眞心爲著人民的，然而人民聽不懂他的話。屈原雖沒寫人民的生活，訴人民的痛苦，然而實質的等於領導了一次人民革命，替人民報了一次仇。屈原是中國歷史上唯一有充份條件稱爲人民詩人的人。[141]

從聞一多崇拜屈原的理由中，我們可以看出他佩服屈原最大的原

因在於屈原最後的「行義」，即是詩人深入社會的行動。

　　聞一多鼓勵當時的詩人寫出民主主義的作品，但是他指出作家若沒有民主運動的實踐，是寫不出具有實際的政治經驗。[142]他引了蘇聯作家高爾基(Maxim Gorky, 1868-1936)的說法，認為一個偉大的藝術家必須具有兩點：一他是「他自己的時代之子」；二他是「一個為爭取人類解放而具有全世界歷史意義的鬥爭的參加者」。[143]聞一多說屈原就具有這兩方面的條件，並說他之所以是個「屈原崇拜者」便是因為屈原是「一個為爭取人類解放……的鬥爭的參加者」。[144]可見聞一多當時對詩人的要求，是要他們參與鬥爭，成為鬥爭的一份子，而不單要他們寫「益於社會」的詩。

　　依據上述聞一多對詩人的要求，我們不難了解在他生命的後期，他幾乎沒有寫詩的原因，因為他認為「參與鬥爭」比寫詩有更重大的意義。這種精神就如他所說的「有一種浪漫的姿勢，一種英雄氣概」。[145]他自己後來死於鬥爭中，正是追隨了屈原「現身說法」，殺身成仁的精神。[146]就如郭沫若所說，聞一多由對莊子禮贊而變為對屈原頌揚，由極端個人主義的玄學思想蛻變出來，確切地獲得了人民意識，繼屈原而成為中國史上另一位「人民的詩人」。[147]

㈤主張繼續向西方學習

　　聞一多在這個時期裏還是像前期一樣主張向西方學習，他認識到閉關自守，足以斷送文學的前途。他說：「文化史上每放一次光，都是受了外來的刺激，而不是因為死抓著自己固有的東西。」「凡是限於天然環境，不能與旁人接觸，而自己太傻太笨，(不能)因此就不願學習旁人的民族，沒有不歸於滅亡的。」[148]

對於創建中國新文學，他主張一面正確地批判繼承古代文化遺產，一面吸取其他民族的文化。他說：

> 文學應配合我們的政治經濟及一般文化的動向，所謂國情的，自主的接受本國文化與吸收西洋文化。……建設本國文學的研究與批評及創造新中國的文學，是我們的目標；採用舊的，介紹新的，是我們的手段。要批判的接受，有計劃的介紹，要中西兼通。[149]

由此可見，聞一多自始至終對文化所採取的態度是：保留中國好的傳統，吸取西方的長處，建立一個中西融合的新文學。他相信有一天，世界上四大文化即：中國、印度、以色列、希臘的個別性漸漸消失，於是只有一個世界的文化。[150]

在後期的第二階段裏，聞一多對詩歌內容的要求，不單是要反映現實人生，而且更進一步的要具有社會和教育的意義，這等於是主張「為人生而藝術」的現實主義論。他評價詩歌的標準也不再是兼重內容和形式，而是重內容的社會價值遠過於詩的藝術表現。在這一點上，他已不像後期的第一階段那樣追求「精神和形體調和之美」，不再追求浪漫主義和現實主義的調和統一，而是完全偏向於現實主義了。他欣賞詩歌的趣味也一反過去追求「溫柔敦厚」的詩風，要求詩更具有原始的活力，更加猛烈和積極地表現出生活的熱與力。聞一多最終的理想卻不是在詩裏，而是超出詩的範圍，要求詩人在行動上積極地為追求民主而鬥爭。這一種為理想奮鬥的精神是浪漫的英雄氣概。

聞一多最後表現在詩論的思想和感情顯然離開了個人主義的浪漫思想，完全進入社會人民的生活裏，而體現了現實主義的精神。然而在他那種追索原始的生活欲和為理想鬥爭的精神裏，

我們可以看到他那一股自始以來所存在的浪漫精神。聞一多最後的一死，就像他達到殺身成仁的理想一樣，也是「最偉大的一首詩。」[151]對他來說，這樣的參與鬥爭比創作詩歌更有說服力。他那種追求民主，表現「動」的精神，反映了他不斷吸取西方思想、認爲中國應該勇於接受其他文化的結果。[152]

我認爲聞一多在生命的最後一個階段重視體力行過於詩歌的創作，是受當時社會環境所逼，使他不得不仗義發言，而且往往是帶著激動的情緒說話。其實，我相信聞一多心底裏一直地認爲詩，尤其是抒情詩，比起賦、詞、曲等文學類型，更能代表中國文學的正統類型。它「不但支配了整個文學領域，還影響了造型藝術，它同化了繪畫，又裝飾了建築（如楹聯、春帖等）和許多工藝美術品。」[153]他也一直地相信在新時代的文學動向中，最值得揣摩的，是新詩的前途。[154]同時，聞一多也一直認爲中國必須開放自己，勇敢地接受別國的文化，才能有所突破，以發展中國的新文學。[155]

【註釋】

[1]《全集·丁》，頁275–279。

[2]同上，頁239–240。

[3]同上，頁245–253。

[4]同上，頁243–244。

[5]同上，頁271–274。

[6]同上，頁255–269。

[7]同上，頁283–284。

[8]同上，頁281–282。

[9]同上，頁241-242。

[10]受到以R. G. Collingwood為首所主張的Art as expression說的影響，參考R. G. Collingwood, *The Principles of Art* (Oxford: Clarendon Press, 1938), passim.

[11]《泰果爾批評》，見《全集・丁》，頁276。

[12]同上。

[13]同上。

[14]同上。

[15]同上，頁277。

[16]同上。

[17]同上，頁278。

[18]同上，頁277-278。金克木的看法和聞一多不同，他認為泰果爾的詩一點也不抽象：泰果爾把抽象排出藝術圓圈之外，並指出藝術只能產生於現實生活和形象世界。金氏也說泰果爾的神非一般下命令的主宰者，也不是英雄，不像是神化了的人，而像是人化的宇宙和全人類，所以泰果爾以人的感情來創造藝術，以解決世間的矛盾。見所著《泰果爾的〈什麼是藝術〉和〈吉檀迦利〉試解》，收在《印度文化論集》（北京：中國社會科學出版社，1983），頁208-213。

[19]《文藝與愛國——紀念三月十八》，見《全集・丁》，頁240。

[20]同上。

[21]參見F. O. Matthiessen, *The Achievement of T. S. Eliot*. p. 19.

[22]同上。

[23]《鄧以蟄〈詩與歷史〉題記》，見《全集・丁》，頁242。

[24]許芥昱說聞一多對阿諾德有相當的研究，聞氏的態度與阿諾德的人生觀也形成有意義的印證。這一說法是根據 Lionel Trilling 在 *Matthew*

Arnold (London: Allen & Unwin, 1955)一書中(p.88)的意見，見許芥昱《聞一多》，頁84，注24。

[25]T. S. Eliot, *The Sacred Wood*. p. 59；亦見杜國清譯《艾略特文學評論選集》(台北：田園出版社，1969)，頁14。陸機亦有此見，他說：「雖茲物之在我，非余力之所戮。」見陸機著，張懷謹譯注《文賦譯注》（北京：北京出版社，1984），頁46。

[26]《莪默伽亞謨之絕句》，見《全集·丁》，頁216。

[27]《戲劇的歧途》，見《全集·丁》，頁272；《詩的格律》，見《全集·丁》，頁246。

[28]《戲劇的歧途》，見《全集·丁》，頁272。

[29]同上，頁273。

[30]同上。

[31]同上，頁274。

[32]同上，頁272。

[33]《泰果爾批評》，見《全集·丁》，頁275。

[34]《泰果爾批評》，見《全集·丁》，頁276。

[35]雪萊所批評的戲劇家是卡爾德倫Calderon de la Barca (1600-1681)，見繆靈珠譯《為詩辯護》，在劉若端編《十九世紀英國詩人論詩》（北京：人民文學出版社，1984），頁132-133。因此，文學史家把雪萊擺在積極的浪漫主義派，甚至擺在現實主義派中。參考朱光潛《浪漫主義和現實主義》，見《談美書簡》（上海：上海文藝出版社，1982），頁127。

[36]《先拉飛主義》，見《全集·丁》，頁262。

[37]《論〈悔與回〉》，見《全集·丁》，頁283。

[38]《泰果爾批評》，見《全集·丁》，頁279。

[39]同上。

[40]同上。

[41]徐志摩說新月社是1923年成立的,見《大系·第十集·史料索引》,頁
124。

[42]徐志摩《詩刊弁言》,原載《晨報》副刊《詩鐫》,期1(1926年4月1
日);亦見瘂弦、梅新主編《詩學》第一輯(台北:巨人出版社,1976),
頁427。

[43]徐志摩《猛虎集·序文》(北平:新月書店,1931),頁8;參考《徐
志摩全集·第二輯》(台北:傳記文學出版社,1969),頁344。

[44]見F. O. Matthiessen, *The Achievement of T. S. Eliot.* p. 7.

[45]林驤華譯,見伍蠡甫主編《現代西方文論選》(上海:上海譯文出版社,
1983),頁57。

[46]同上,頁60。

[47]這幾篇論文,包括《詩的格律》,1926年5月發表,見《全集·丁》,
頁245-253;《戲劇的歧途》,1926年6月發表,見《全集·丁》,頁
271-274。

[48]杜甫詩句原作:「晚節見於詩律細」,見仇兆鰲《杜詩詳注·遣悶戲呈
路十九曹長》(北京:中華書局,1979),頁1602。

[49]原句作:「得韻窄,則不復傍出……」,見何文煥輯《歷代詩話》,上
冊,頁272。

[50]《詩的格律》,見《全集·丁》,頁247。聞一多引用Bliss Perry的話
〔見 *A Study of Poetry* (New York, 1920), p. 202.〕,以支持其理
論,董保中的論文"The Search for Order and Form: The Crescent
Moon Society and the Literary Movement of Modern China, 1928-
1933" (Claremont, 1971), p. 137,指出聞一多的引文改動了原文一

字，以增強自己的理論根據，參考許芥昱《聞一多》，頁123，注24。

[51]見許芥昱《聞一多》，頁95。許氏說聞的理論與戈蒂耶在1852年發表的
　　《晶葉集》(Emaux et Gamées，英譯：Enamels and Cameos)所說相似。
　　但是戈蒂耶不談詩中的思想和感情，專門注重詩的技巧。

[52]《詩的格律》，見《全集·丁》，頁247。

[53]同上。

[54]參考朱自清《現代詩歌導論》，見蔡元培等著《中國新文學大系·導論
　　集》（上海：上海書店影印，1982），頁351。

[55]胡適《嘗試集再版自序》，頁315。

[56]康白情《新詩的我見》，見《大系·第一集·建設理論集》，頁330-
　　331。

[57]《詩的格律》，見《全集·丁》，頁246。

[58]同上。聞一多強調文藝技巧的重要性似乎是根據王爾德"The Decay of
　　Life"一文而立論，但聞氏所引的這句話，不在該文中。見Bonnie
　　McDougall, *The Introduction of Western Literary Theories into
　　Modern China (1919-1925)*. pp. 63-64.

[59]參考朱光潛《西方美學史》，下卷，頁370。

[60]《詩的格律》，見《全集·丁》，頁246。

[61]參考劉若端譯《論詩或藝術》，轉引自劉若端編《十九世紀英國詩人論
　　詩》，頁99-101。

[62]《詩的格律》，見《全集·丁》，頁246-247。

[63]見朱自清《現代詩歌導論》，頁352。

[64]《冬夜評論》，見《全集·丁》，頁146。

[65]郭沫若《文藝論集》（北京：人民文學出版社，1979），頁208。

[66]參考朱光潛《西方美學史》，下卷，頁370。

[67]《詩的格律》，見《全集·丁》，頁247。

[68]聞一多在二十年代研究律詩時，已經認識到這一點，他說：「美原是抽象的感覺，必須一種工具 —— 便是藝術 —— 才能表現出來。工具越精密，那美便越表現得明顯而且做盡。詩之有借於格律音節，如同繪畫之有借於形色線。」見《律詩底研究》轉引自劉烜《聞一多評傳》，頁110。

[69]T. S. Eliot, *The Sacred Wood*. pp. 58, 53-54.

[70]見董衡巽譯《草葉集 Leaves of Grass·序言》，見中國社會科學院外國文學研究所，外國文學研究資料叢刊編輯委員會編《歐美古典作家論現實主義和浪漫主義》（北京：中國社會科學出版社，1981），頁340。

[71]見康白情《新詩的我見》，頁324。

[72]《律詩底研究》，轉引自劉烜《聞一多評傳》，頁128。

[73]T. S. Eliot, *The Sacred Wood*. pp. 47-59.

[74]《詩的格律》，見《全集·丁》，頁248。英國美學家鮑山葵（Bernard Bosanquet, 1848-1923）以為聲音的節拍和意義，是一首詩裏面不可分的產物，就如同一張畫裏面的顏色，形式和體現的情感是不可分的產物一樣。如果認為：由於詩裏面含有有意義的句子，因此你所對待的意義離開詩也是一樣不變，這只是一種幻覺。參考所著*Three Lectures on Aesthetic*《美學三講》(London: Macmillan & Co. Ltd., 1915), The 2nd lecture.

[75]《詩的格律》，見《全集·丁》，頁248。

[76]同上，頁250。

[77]《詩的格律》，見《全集·丁》，頁253。

[78]同上，頁248。聞一多注重「均齊」，與他研究律詩和繪畫有關。他研究律詩時說：「中國藝術最大的一個特質是均齊，而這個特質在其建築

與詩中尤爲顯著。中國底這兩種藝術的美可說是均齊底美——即中國式的美。」他又從地理、哲學等方面對形成這個特質的原因加以考察。他見到中國人生活的環境，「山川形勢，位置整齊」，「氣候溫和，寒暑中節」。所以「表現於智、情、意三方面的生活，……哲學、藝術、道德等理想；我們的眞、善、美底觀念之共同的原素乃是均齊。」轉引自劉烜《聞一多評傳》，頁110。

[79]《詩的格律》，見《全集・丁》，頁249。

[80]他曾說過：「詩之有借於格律音節，如同繪畫之有借於形色線。」見《律詩底研究》，轉引自劉烜《聞一多評傳》，頁110。

[81]《詩的格律》，見《全集・丁》，頁251-252。

[82]同上，頁252。

[83]同上。

[84]Patricia Uberoi, "Rhythmic Techniques in the Poetry of Wen I-to," *United College Journal*. VI (1967-1968), pp. 1-25.

[85]參考許芥昱《聞一多》，頁123，注27；《詩的格律》，見《全集・丁》，頁249。

[86]參考羅念生《詩的節奏》，見《文學評論》，期3（1959年6月25日），頁18-24。

[87]董楚平《從聞一多的〈死水〉談到格律詩的問題》，見《文學評論》，期5（1961年8月），頁84。

[88]見梅新《葉公超〈新月〉》，見瘂弦、梅新主編《詩學》第一輯，頁408。

[89]梁實秋《略談新月與新詩》，同上，頁401。

[90]見董楚平《從聞一多的〈死水〉談到格律詩的問題》，頁84。

[91]參見屈軼《新詩的踪迹與其出路》，見《文學》，卷8期1(1937年1月)，

頁7-25；茅盾《論初期白話詩》，同上，頁108；石靈《新月詩派》，
　同上，頁125-137。

[92]《論〈悔與回〉》，見《全集·丁》，頁283-284。

[93]徐志摩《詩刊放假》，見瘂弦、梅新主編《詩學》第一輯，頁424。

[94]轉引自劉烜《聞一多評傳》，頁110。

[95]許芥昱 *Wen g-to* 中文譯本的書名。

[96]參見《西方美學研究情況》，見《中國哲學年鑒，1983》（上海：中國
　大百科全書出版社，1983），頁240-243。

[97]參考尹肇池（溫健騮，古兆申，黃繼持）編《中國新詩選：從五四運動
　到抗戰勝利》（香港：海山圖書公司，1983），頁4。

[98]見林驤華譯，伍蠡甫主編《現代西方文論選》，頁55。

[99]見朱光潛《西方美學史》，下卷，頁369。

[100]有關這一期的詩論，也可參考黃應良《聞一多的新詩論》，見南洋大
　學創作社編《論馬華文藝的獨特性》（新加坡，1960），頁21-33。

[101]《全集·丁》，頁223-226。

[102]同上，頁227-230。

[103]同上，頁233-238。

[104]同上，頁231-232。

[105]《全集·己》，頁43-49。

[106]同上，頁51-52。

[107]《全集·甲》，頁201-206。

[108]同上，頁259-261。

[109]同上，頁245-258。

[110]《全集·己》，頁29-30。

[111]同上，頁31-37。

[112]同上，頁39-42。

[113]《〈烙印〉序》，見《全集·丁》，頁223。

[114]《屈原問題》，見《全集·甲》，頁256。

[115]《新文藝和文學遺產》，見《全集·己》，頁30。

[116]《詩與批評》，見《全集·己》，頁48。

[117]同上，頁43。

[118]同上，頁44。

[119]同上。

[120]同上，頁45。

[121]同上，頁47。

[122]同上，頁51。

[123]《時代的鼓手》，見《全集·丁》，頁238。

[124]同上。

[125]《給臧克家先生》，見《全集·庚》，頁54。

[126]《〈烙印〉序》，見《全集·丁》，頁224。

[127]《冬夜評論》，見《全集·丁》，頁141。

[128]《〈西南采風錄〉序》，《全集·丁》，頁229，230。

[129]《畫展》，《全集·戊》，頁68-69。

[130]《時代的鼓手》，《全集·丁》，頁234，235。

[131]《〈三盤鼓〉序》，同上，頁231，232。

[132]同上，頁232。

[133]同上。

[134]參考許芥昱《聞一多》，頁55-58。

[135]聞一多用了李商隱的詩句「蠟炬成灰淚始乾」〔見馮浩《玉谿生詩集箋注》（上海：上海古籍出版社），頁399〕來做他詩集《紅燭》的卷頭

語，見《全集·丁》，頁37。

[136]《全集·丁》，頁86。

[137]《詩與批評》，《全集·己》，頁49。

[138]同上，頁47。

[139]同上。

[140]《人民的詩人——屈原》，《全集·甲》，頁259–260。

[141]《人民的詩人——屈原》，《全集·甲》，頁261。

[142]《論文藝的民主問題》，《全集·己》，頁40。

[143]《屈原問題》，《全集·甲》，頁258。

[144]同上。

[145]《〈烙印〉序》，《全集·丁》，頁224。

[146]聞一多在後期第一階段寫《文藝與愛國——紀念三月十八》一文時，已經透露出他這種殺身成仁的浪漫精神，他說：「同情心發達到極點，刺激來得強，反動也來得強，也許有時僅僅一點文字上的表現還不夠，那便非現身說法不可了。所以陸游一個七十衰翁要『淚灑龍床請北征』，拜倫要戰死在疆場上了。所以拜倫最完美，最偉大的一首詩，也便是這一死。」見《全集·丁》，頁240。

[147]《全集·郭序》，頁10。

[148]《復古的空氣》，《全集·戊》，頁10。

[149]《調整大學文學院中國文學外國語文學二系機構芻議》，見《全集·戊》，頁42。

[150]《文學的歷史動向》，《全集·甲》，頁201。

[151]《文藝與愛國——紀念三月十八》，見《全集·丁》，頁240。

[152]《文學的歷史動向》，見《全集·甲》，頁206。

[153]同上，頁202。

[154]同上，頁205。

[155]有關聞一多對建設新文學的看法，可參考楊景祥、李培澄《評聞一多的文藝觀》一文。

第五章 《紅燭》與西方詩學

　　聞一多在1920年還在清華求學時，寫了第一首新詩《西岸》之後[1]，直至1923年去珂泉之前，曾經陸續寫了不少新詩。他把這些新詩結集出版，題爲《紅燭》。這是他的第一本詩集。聞一多在珂泉以至1926年回國後，還有不少的詩作發表，這些後期所寫的新詩多數都收入他的第二部詩集《死水》之中。從《紅燭》到《死水》，不但在題目命名上別饒深意，而且在內容、風格和形式上也有所轉變。因此作者認爲研究詩人對新詩的看法和他創作的精神，都不應該以他去國或返國作爲分期，而應以他的兩本詩集爲根據。

　　從《紅燭》到《死水》，標誌著聞一多詩歌創作的道路上的一個重要轉變。這種轉變，實際上和他的詩歌理論有很密切的關係。他前期的詩歌理論，強調藝術的特色，和吸收西方的影響，所以在《紅燭》裏也明顯地表現出許多西方影響的痕跡。到了後來，他的詩歌理論和特徵轉變爲重視現實生活，所以《死水》裏也洋溢著現實主義的精神。因此，本章和下一章在分析聞一多的詩歌創作時，多用他的詩歌理論爲根據。換言之，本文是以聞氏自己提出的評詩標準，來檢驗他自己創作的詩歌。

　　在第三章裏，我們從聞一多在清華時期到《紅燭》詩集出版前，分析他對新詩的理論時，發現他看重新詩裏的情感、幻象和音節；而且察出這三方面的問題都有受到西方影響的地方。這一

章，我們嘗試從他的第一本詩集《紅燭》裏去探討，看他是否把所關注的新詩理論體現在他的創作裏；同時，用比較文學的方法看他如何受西方的影響。

聞一多強調中國舊詩中的情感不足，是由於其幻象不明確；而幻象之所以不夠明確，又是因爲受到格律的束縛。他認爲律詩一味注意遵守格律，忽略了詩中情感和幻象的重要性。聞一多主張改革舊詩的格律是爲了使幻象更豐富，情感更能自由地發揮。因此，在這一章裏，我們以他的創作爲例，先看他如何改革舊詩格律，而後如何豐富幻象，加深情感，一層層地去認識聞一多在這三方面如何受到西方的影響。

一、音　節

聞一多在1921年12月作了"A Study of Rhythm in Poetry"（《詩的音節底研究》）的報告[2]，對詩的節奏作了全面的研究，特別重視英國浪漫主義詩歌理論的研究。1922年，他又寫了《律詩底研究》一文[3]，認爲律詩能代表中國藝術的特質。他分析中國詩的節奏，並與英國詩的節奏相比較，以便確定他對新詩形式上的要求。

㈠不重平仄

聞一多指出，構成中國詩的節奏的因素是平仄、逗、韻。他認爲平仄在音調上雖有長短、高低之別，但不同地區的方言，不同語句中的詞和字讀法並不完全一樣；而且，平仄在全國並不統一。所以，他的結論是：既然平仄難有規律可尋，寫新詩就不必太重視平仄。聞一多不重視平仄，與中國傳統上寫詩完全不同。他在這一點上顯然受了西方的影響。他希望藉此解除舊格律的束

縛，以發展幻象和加深情感。以下試以《秋色》的前兩節為例加以說明：

紫得像葡萄似的潤水　　　　　（仄·仄平平仄·仄仄）

翻起了一層層金色的鯉魚鱗。（平仄·平平平平仄·仄平平）

幾片剪形的楓葉，　　　　　　（仄仄仄平·仄仄）

彷彿硃砂色的燕子，　　　　　（仄平平平仄·仄）

顛斜地在水面上　　　　　　　（平平·仄仄仄·）

旋著，掠著，翻著，低昂著[4]（平·仄·平·平平·）

　　　　　　　　　　　　　　（注：·為輕音）

從以上這節裏我們可以看到聞一多完全不理會平仄在詩裏的作用，而讓幻象隨著情感自由地發揮。

　㈡重視「逗」或「頓」

　　聞一多看重逗的觀念，這明顯地也是受了西方的影響。「逗」或「頓」在聞一多的觀念中，並非一般所想的暫時「停頓」或「休止」，而是英國詩格律中所謂的「音尺」（meter），表示一個詩行中的幾個聲音單位。所以，合逗成句，合尺則成行（1ine）。聞一多還提出逗中有一字當重讀，這就是西洋詩格律裏所謂的重音（stress）。讓我們再以《秋色》的第二節作示範：

幾片／剪形的／楓葉／　　　　　三逗

彷彿／硃砂色的／燕子／　　　　三逗

顛斜地／在水面上／　　　　　　二逗

旋著，／掠著，／翻著，／低昂著／[5]　四逗

可以看出四行分別有三、三、二、四逗，每一逗都有其重音，是
與平仄沒有關係的。這一首詩的逗數是不規律的。在《紅燭》詩
集裏，有不少在形式上不太規律的詩，但也有講究逗數規律化的，
如下列《晴朝》一詩中的兩節：

> 一個／遲笨的／晴朝，／
>
> 比年／還現／長得多，／
>
> 像條／懶洋洋的／凍蛇，／
>
> 從我的／窗前／爬過。／
>
> 一陣／淡青的／煙雲／
>
> 偷著／跨進了／街心……／
>
> 對面的／一帶／朱樓／
>
> 忽都／被他／咒入／夢境。／[6]

除了最後一行以外，其他的詩行都是三逗的。一般來說，《紅燭》
裏的詩在形式上是不太固定的，聞一多寫《死水》時，才認真地
實踐形式上的規律化。

㈢押韻的方式

聞一多在《紅燭》詩集裏，也著重押韻，雖然有些詩的韻不
很明顯。他相信中國的文字和語言有很豐富的音韻，用韻則能幫
助音節完成詩歌藝術的使命，「不用正同藏金於室而自甘凍餓，
不亦愚乎？」[7]他的《太陽吟》就是一韻到底，一共十二節，一
點也不吃力。[8]以下是《太陽吟》的前兩節：

> 太陽啊，刺得我心痛的太陽！(yang)
>
> 又逼走了遊子底一出還鄉夢，
>
> 又加他十二個時辰底九曲迴腸！(chang)

太陽啊，火一樣燒著的太陽！(yang)

烘乾了小草尖頭底露水，

可烘得乾遊子底冷淚盈眶？[9](kuang)

英詩也很注重押韻(rhyme)，有所謂「尾韻」(end rhyme)和「內韻」(internal rhyme)[10]。例如柯爾律治的《古舟子咏》(The Rime of the Ancient Mariner)：

In mist or cloud, on mast or shroud,

It perched for vespers nine;

Whiles all the night, through fog-smoke white,

Glimmered the white Moon-shine.[11]

首句中的"cloud"和"shroud"，及第三句中的"Night"和"while"是押內韻，次句和末句的"nine"和"shine"則是押尾韻。聞一多所作的押韻詩，除了《太陽吟》之外，還有《李白之死》[12]、《美與愛》[13]、《詩人》[14]、《幻中之邂逅》[15]、《花兒開過了》[16]、《玄思》[17]、《晴朝》[18]、《記憶》等。[19]其中大多數屬押尾韻，也有一些是押內韻的。儘管聞一多在押韻上有不完全的地方[20]，但他所注重的也許不是押韻的準確性，而是刻意地要把中國語言和音樂性帶出來，就像英詩押韻時也不一定講究同韻母和聲母，而是講究音相同。

　　聞一多認為詩歌裏一定要有音節，才是藝術。音節就是英詩裏所謂的"Rhythm"（節奏）。雖然，聞一多認為每一種方言有它天賦的音節，中國傳統上寫詩注重平仄而忽略節奏感，這一意見也是受西洋詩影響的。音節是直接與逗相關的，聞一多在他的押韻詩裏表達出來的節奏感，在《晴朝》一詩可見其一斑：

　　一個　遲笨的　晴朝

　　比年　還現　長得多，

　　像條　懶洋洋的　凍蛇，

　　從我的　窗前　爬過。[21]

聞一多在《死水》裏所表現的音節，比《紅燭》要完美得多，《紅燭》還是初步的嘗試而已。

　　聞一多在實踐詩歌創作時解除平仄的束縛，轉而注重逗，韻，節奏，在形式上來說，的確是受了西洋詩的影響。但最重要的是他之所以主張破除平仄，本質上是使形式在一定的限制內更趨於自由，以致幻象能更加奔放地呈現，情感更加豐富地表露，以達到更完美的藝術境界。

二、幻　象

　　聞一多在清華批評同學的詩時，指出《月食》一詩的作者對夜景的描寫，只是將天空、星辰、銀河、花鳥、楊柳、燈光、空氣等如同記賬樣報過，令人一點真確明了的幻象也感覺不到。聞一多引了詩中三行與他的詩《美與愛》的一節相比。聞一多所引《月食》中的三行如下：

　　忽然東鄰的黑雲蠶食你，

　　點點的星光恥笑你，

　　簇簇的天河不顧你。[22]

至於《美與愛》的一節則如下：

　　屋角底淒風悠悠嘆了一聲，

　　驚醒了懶蛇滾了幾滾；

　　月色白得可怕，許是惱了？

　　張著大嘴的窗子又像笑了！[23]

聞一多比較之後，說：

> 我覺得我的幻象比較地深熾，所以我這幅畫比較地逼真一
> 點。恥笑的星，膜（漠）不關心的天河該是個什麼狀態，
> 《月食》的作者………隨便用「點點」，「簇簇」四個無
> 聲無色的字帶過去了，好像用他們是為湊滿字數的。「點
> 點」同「恥笑」、「簇簇」同「不顧」有什麼關係？既沒
> 有關係，何必用他們呢？……（聞氏指《美與愛》中「月
> 色」和「張著」句說：）可怕的白色的確是生氣的模樣，
> 張著大嘴的確是笑的模樣，有了這兩個形容小句，然後惱
> 了的月兒同笑著的窗子兩副面孔，便歷歷地呈露於讀者的
> 眼前。這便是幻象的功用。[24]

可見聞一多認為幻象的功用在於能把詩人的心意逼真地擺在讀者
面前。

聞一多在批評這首詩時，特別用英文 "intensity" 一詞說
明詩能感人的力量。濟慈曾說「每一種藝術的精華在於其inten-
sity」(the excellence of every art is its intensity)。[25]
他又引了濟慈的話說「不是使讀者心滿意足，是要他氣都喘不出」(
Its touches of Beauty should never be half way thereby
making the reader breathless rather than content)。[26]聞
一多認為造成這種力量的因素，最要緊的是幻想。所以，聞一多
對幻想所具有的力量以及它在詩中所產生的作用，有深切的認識。
這一認識很清楚地是受了西方的影響，尤其是十九世紀浪漫主義
派詩人的影響。

㈠受西方觀物、示物方式的影響

葉維廉在《中國古典詩和英美詩中山水美感意識的演變》一

文中[27]，嘗試比較中國古典詩和英美詩對山水描寫的基本不同。他引禪宗傳燈錄一出名公案來代表我們感應或感悟外物的三個階段：

老僧三十年前參禪時，見山是山，見水是水；

及至後來親見知識，有個入處，見山不是山，見水不是水；

而今得個體歇處，依然是見山只是山，見水只是水。

第一個階段「見山是山見水是水」，葉氏說「可以比作用稚心、素樸之心、或未進入認識論的哲學思維之前的無智的心去感應山水，故與自然萬物共存而不洩於詩。若洩於詩，如初民之詩，萬物具體自然的呈現，未有厚此薄彼之別。」他指出當我們刻意用語言來表達我們的感應時，我們便進入了第二個階段：「見山不是山，見水不是水」，「由無智的素心進入認識論的哲學思維去感應山水」。這樣一來，就漸漸離開了新鮮直抒的意境而移入概念世界裏去尋求意義和聯繫。第三個階段：「依然見山只是山，見水只是水」是對自然現象「即物即眞」的感悟。葉氏說這是「對山水自然自主的原始存在作無條件的認可，……摒棄語言和心智活動而歸回本樣的物象。」葉氏認爲第一個階段是我們早已失去的；他指出如果詩人從第二個階段出發去呈現山水，他會經常沒法說明、澄清物我的關係和意識；如果從第三階段出發，「物原如此」的意義和關係玲瓏透明，無需說明，其呈現的方式只牽涉極少Noetic（知性，理性）的活動。

葉氏以王維的《鳥鳴澗》和英國浪漫詩人華茲華斯(William Wordsworth, 1770-1850)的《汀潭寺》(Tintern Abbey)作比較。王維的詩只有四行：

人間桂花落

夜靜春山空

月出驚山鳥

時鳴春澗中

華氏的《汀潭寺》共162行，葉氏譯錄頭22行，他說跟著的140行是追記自然山水「這些美的形象」如何給與他「甜蜜的感受」和寧靜的心境；如何在景物中感到崇高的思想融和著雄渾；智心和景物是如何活潑的交往；而他如何依歸自然事物、觀照自然事物；自然如何使他「最純潔的思想得以下錠」。自然是他整個道德存在和靈魂的「保姆、導師、家長」。葉氏要說明的是，王維的詩令人覺得景物自然興發與演出，作者不以主觀的情緒或知性的邏輯介入去擾亂眼前景物內在生命的生長與變化的姿態；景物直現讀者目前。但華氏的詩中，景物的具體性漸因作者介入的調停和辯解而喪失其直接性。

　　葉氏認為，這兩種觀物、示物的方式，不是隔夜生成的，只有從二者各自的傳統中才能探求它們衍生的歷史。他認為道家哲學的中興影響了中國古典山水詩人觀物、示物的方式。他們認為「物各自然」，所以「以物觀物」；人與萬物合為一體，不分彼此，所以沒有權力把現象界的事物分等級，不會以「我」的觀點硬加在別人身上作為正確的觀點。又依莊子和郭象所展示的「山水即天理」之旨，那麼，喻依（即所呈物象vehicle）即喻旨（即物象所指向的概念與意義），即物即意即真，所以很多的中國詩是不依賴隱喻(metaphor)，不借重象徵(symbolism)而求物象原樣興現。由於喻依、喻旨的不分，也無需人用知性去作任何的解釋。但在華氏的詩裏，自然或山水是「供給」他智心探索的主題；山水對他，作為美感觀照的對象，是在他用認識論去尋求超越時，

幫他流露他的「想像」。

我們看了中西觀物、示物的不同後，回來看聞一多的詩，看他是如何觀物、示物的。我們以他的《秋色》為例，因為這首詩是描寫景物的，它的第十、十一和十二節這麼寫：

哦，這些樹不是樹了！
是些絢縵的祥雲——
琥珀的雲，瑪瑙的雲，
靈風扇著，旭日射著的雲。
哦！這些樹不是樹了，
是百寶玲瓏的祥雲。

哦，這些樹不是樹了，
是紫禁城裏的宮闕——
黃的琉璃瓦，
綠的琉璃瓦，
樓上起樓，閣外架閣……
小鳥唱著銀聲的歌兒，
是殿角的風鈴底共鳴。
哦！這些樹不是樹了，
是金碧輝煌的帝京。

啊！斑爛的秋樹啊！
陵陽公樣的瑞錦，
土耳基底地毯，
Notre Dame底薔薇窗，

> Fra Angelico底天使畫
>
> **都不及你這色彩鮮明哦！**[28]

明顯地聞一多並沒有讓自然自由作興，而是把自己的意見加在自然上面。對他來說，樹不是樹，而是他看到樹後所想像的其他東西，如：雲、帝京、地毡、薔薇窗、天使畫等。聞一多對物的看法，不像中國傳統詩人那樣「以物觀物」，反而像華氏一樣「以我觀物」，於是景物成為幫助他發現想像力的媒介，他所看出的、所想像的，比景物本身更重要。可見他是受了西方觀物、示物的影響：以自己為主體，去捕捉自然景物，去「跨在幻想的狂恣的翅膀上遨遊，然後大著膽引嗓高歌」，以求得「更加開擴的藝術」。[29]聞一多寫《雪》一詩時，也明顯地表現了他受西方影響而產生的想像力：

> 夜散下無數茸毛似的天花，
>
> 織成一件大氅，
>
> 輕輕地將憔悴的世界，
>
> 從頭到腳地包了起來，
>
> 又加了死人一層殮衣。[30]

雪在他的想像裏已成了大地氅，把世界包了起來。在聞一多心中的景物已不是「即物即真」，而是「見山不是山，見水不是水」，不停留在自然世界裏，而移入概念世界裏去尋求意義和聯繫，步趨著西洋詩觀物、示物的傳統，加深和開擴了中國詩裏的想像。

　㈡用暗喻、明喻和擬人手法

　　聞一多在表現幻象的方法上也學習西洋詩人尤其是浪漫主義詩人所用的暗喻(metaphor)，明喻(simile)以及擬人手法（personification），如《黃昏》一詩裏：

> 太陽辛苦了一天，
>
> 賺得一個平安的黃昏，
>
> 喜得滿面通紅，
>
> 一氣直往山窪裏狂奔。[31]

用擬人化的手法把太陽比作一個用勞力賺錢的工人辛苦了一天之後，心安理得地期待著享受休息的時間，描寫得既自然又親切。以下一段裏聞一多又用明喻的手法和擬人化的手法：

> 黑暗好比無聲的雨絲，
>
> 慢慢往世界上飄灑……
>
> 貪睡的合歡疊攏了綠鬢，鉤下了柔頸，
>
> 路燈也一齊偷了殘霞，換了金化；
>
> 單剩那噴水池
>
> 不怕驚破別家底酣夢，
>
> 依然活潑潑地高呼狂笑，獨自玩耍。[32]

他用明喻的方法把黑暗形容成「無聲的雨絲」；把合歡、路燈、和噴水池擬人化，使幻象更明確，叫讀者看見這些逼眞的詩句就能領悟到詩人所要傳達的心聲，所要描繪的安祥的氣氛。在《晴朝》一首詩裏，他用直喻的手法，生動地把晴朝比作一條蛇：

> 一個遲笨的晴朝，
>
> 比年還現長得多，
>
> 像條懶洋洋的凍蛇，
>
> 從我的窗前爬過。[33]

他又在《秋深了》一詩裏把在異鄉生病、加倍思鄉的人比作一只貓，畏縮起來發著思鄉愁。他這個比喻的確很恰當，尤其是親身在美國的經歷，寫起來叫人讀了倍感寂寞、孤單：

秋深了，人病了。

人敵不住秋了；

鎮日擁著件大氅，

像隻煨灶的貓，

蜷在搖椅上搖……搖……搖……

想著祖國，

想著家庭，

想著母校，

想著故人，

想著不勝想，不堪想的勝境良朝。[34]

在另一首以秋天爲主題的詩《秋之末日》裏，聞一多用暗喻把深
秋比作浪子：

和西風酗了一夜的酒，

醉得顛頭跌腦，

洒了金子扯了錦銹，

還呼呼地吼個不休。

奢豪的秋，自然底浪子哦！

春夏辛苦了半年，

能有多少的積蓄，

來供你這般地揮霍呢？

如今該要破產了罷！[35]

這首詩很生動逼真地描寫深秋的情景：西風把樹木的金黃色葉子
吹落得滿地，它的叫聲也真「吼個不休」，把秋天形容得像敗家
子般地揮霍了春夏的豐盛積蓄，是何等的貼切。

柯爾律治所謂「再造想像」(secondary, or 're-creative' imagination)往往是以明喻或直喻、暗喻、和擬人化手法表現出來。想像的形成是把刻有人性和人的感情的印，印在沒有生命的事物上。這些事物也不是原原本本的抄襲於自然界，而是詩人把自己的精神———一個有人性，有思想的生命傳到它們身上的。[36]其實莎翁、華茲華斯等著名西洋作家都是用這些方法來表現他們的想像的。聞一多確實是受了西洋詩人，尤其是浪漫主義詩人，對幻象或想像的影響，從而豐富了新詩的想像。

㈢受西方呈示幻象手法的影響

聞一多在美國最初是學西洋畫的，在出國之前也對西洋畫有濃厚的興趣，接觸了不少西洋藝術理論。他在清華寫的一篇文章中指出「中國畫重印象，不重寫實，所以透視、光線都不講。看起來是平坦的、是鳥眼（瞰）的視景(Bird's eye view)；是一幅圖，不是畫。」[37]聞一多比較中西繪畫所形成的理論，極可能反映在他的詩裏。

宗白華曾說明中國詩畫中所表現的空間意識。他的見解也許能幫助我們了解中西空間意識的不同，從而了解中西詩中幻象的呈示之不同。他說：

> 西洋人站在固定地點，由固定角度透視深空，他的視線失落於無窮，馳於無極。他對這無窮空間的態度是追尋的，控制的，冒險的，探索的。……中國人對於這無盡空間的態度卻是如古詩所說的：「高山仰止，景行行止，雖不能至，而心向往之。」人生在世，如泛扁舟，俯仰天地，容與中流，靈嶼瑤島，極目悠悠。[38]

宗氏舉陶淵明的《飲酒》一詩，來說明中國人為何把空間意識反

映在詩中：

> 采菊東籬下，
>
> 悠然見南山。
>
> 山氣日夕佳，
>
> 飛鳥相與還。
>
> 此中有真意，
>
> 欲辯已忘言！

　　從這首詩裏，我們看到中國人於有限中見到無限，又於無限中回歸有限。他的意趣不是一往不返，而是回旋往復的。因此，他們寫詩時，不是直線式的發展思路，而是憑鳥瞰式的視覺所形成印象的起伏來描寫的。

　　西方人的空間意識也反映在他們詩中呈示物象的方法上。茲舉濟慈的《秋頌》(Ode to Autumn)最後一節為例：

> 這時呵，河柳下的一群小飛蟲
>
> 　就同奏哀音，它們忽而飛高，
>
> 　　忽而下落，隨著微風的起滅；
>
> 籬下的蟋蟀在歌唱；在園中
>
> 　紅胸的知更鳥就群起呼哨；
>
> 而群羊在山圈裏高聲咩叫；
>
> 　叢飛的燕子在天空呢喃不歇。[39]

詩人的視線從低而高，他由最低處著眼：看到河柳下的小蟲，接著升高一點而向內移進，看到籬下的蟋蟀，再移向內和更高處，見到知更鳥，最後望見在高空中飛翔的燕子。詩人的視線，以至思想和想像的程序是直線式，漸進式，不是一往一復的，是有線索可尋的。

爲了方便，我們也以聞一多一首描寫秋天的詩來作比較：

　　紫得像葡萄似的澗水
　　翻起了一層層金色的鯉魚鱗。

　　幾片剪形的楓葉，
　　彷彿硃砂色的燕子，
　　顛斜地在水面上
　　旋著，掠著，翻著，低昂著……

　　肥厚得熊掌似的
　　棕黃色的大橡葉
　　在綠茵上狼藉著。
　　松鼠們張張慌慌地
　　在葉間爬出爬進，
　　蒐獵著他們來冬底糧食。

　　成了年的栗葉
　　向西風抱怨了一夜，
　　終於得了自由，
　　紅著乾燥的臉兒，
　　笑嬉嬉地辭了故枝。[40]

聞一多先描寫澗水，接著把視線移到水面上的楓葉，在綠茵上的
大橡葉、松鼠、飄著的栗葉；然後轉到階下的鴿子，在玩耍的小
孩；最後是高大的樹。詩人呈現景物時，隨視線由低而高，形成
直線式地、一層層地按序描述；不像中國傳統詩裏單憑印象，忽

高忽低,從有限到無限,又從無限到有限的往復呈示法。聞一多
在詩裏所用表象的方法,很明顯的是受了西洋對空間意識理論的
影響;同時,他早年學西洋畫也必定講究透視、重寫實的繪畫理
論。因此可以說,聞一多的詩受到西方的詩和畫的影響,也可以
說受了西方美學的影響。

　　以下再舉《憶菊》一詩爲例。這是一首藉著國花讚美祖國的
詩,它的第一節是:

> 插在長頸的蝦青瓷的瓶裏,
>
> 六方的水晶瓶裏的菊花,
>
> 攢在紫藤仙姑籃裏的菊花;
>
> 守著酒壺的菊花,
>
> 陪著螯盞的菊花;
>
> 未放,將放,半放,盛放的菊花。[41]

聞一多給友人的信中曾把這首詩和《秋色》相提並論,說是受了
李商隱和濟慈的影響,恐怕有堆砌的缺點。[42]我們留心看詩人
所描寫安插菊花的瓶子,便會看出瓶子的形狀:先是長頸的、其
次是六方的、再其次是籃子,形狀由小逐漸變大。接著寫菊花,
有:「守著酒壺的」、「陪著螯盞的」。最後寫菊花從「未放」、
「將放」、「半放」,到「盛放」。詩人顯然是經過一番的思考
後,有條理地描寫菊花插著、放著的情形。讀者幾乎可以想像一
幅景物寫生的情景,因爲詩人的表象法是有秩序的,寫實的,將
西方的空間意識反映在如畫的詩中。

　　濟慈善於描寫感官上的反應:眼所看的,耳所聽的,鼻所嗅
的,舌所嘗的。《秋頌》是表現秋天成熟、豐滿的盛狀。濟慈寫
這首詩時,他的創作手法、思想和感情也是最成熟的時候。[43]

以下是中譯的第一段，且看他如何描寫秋天豐滿的意境：

> 霧氣洋溢、果實圓熟的秋，
>
> 你和成熟的太陽成爲友伴；
>
> 你們密謀用累累的珠球
>
> 綴滿茅屋簷下的葡萄藤蔓；
>
> 使屋前的老樹背負著蘋果，
>
> 讓熟味透進果實的心中，
>
> 使葫蘆脹大，鼓起了榛子殼，
>
> 好塞進甜核；[44]

黑點所表示的是作者用以形容盛秋的字眼，從中叫人感覺到秋天豐滿到飽和點的情形。聞一多在描寫秋天的色彩時營造了盛秋的氣氛，如《秋色》裏的詩句：「紫得像葡萄似的澗水」，「肥厚得熊掌似的棕黃色的大橡葉」，「水似的空氣氾濫了宇宙」等。[45]這幾句詩與《秋頌》裏描寫盛秋的景色很相似。第一句雖是寫澗水，但用「紫得像葡萄似的」加以形容，使人聯想起「圓熟」，「累累」，熟到似乎嘗到甜味的感覺；「肥厚得」一語又予人「脹大」，「鼓起」等感受；「水似的空氣」句更引人想像「霧氣洋溢」的意境。在《春之首章》[46]、《劍匣》[47]、《憶菊》[48]等詩裏，也能找到像濟慈那樣細膩、逼真地描寫感官上反應的詩句。

聞一多爲了要使詩中的幻象更逼真，儘量模仿西方的表達方式。《秋色》裏的詩句如「紫得……」和「肥厚得……」的文法結構在中文裏很少見，如果譯成英文則成爲purpled, fattened, thickened之類的字眼，不單是形容詞，而且有被動語態的味道，這不是中文的習慣用法。英文裏用被動語態表示主體、客體之分，

界線很清楚，這與美學上透視的理論是息息相關的。

㈣模仿西方對形容詞的運用

聞一多認爲中國新詩裏的幻象比西洋詩薄弱，是因爲中國語文裏的形容詞比不上西文的形容詞的周密；而且疊字法太多也妨礙幻象的發展。[49]所以聞一多寫詩時，很注意形容詞和字眼的周密，以求豐富詩中的幻象。但是，朱湘批評他沒有注意「意境」，而在「字眼」上「極力的求其擁擠」，說是誤解早年詩作未成熟的濟慈的結果。[50]朱氏指出《我是一個流囚》一詩裏的「哀宕淫熱的笙歌」句，便是濫用形容詞的例子，犯上了重床疊屋的毛病。他還指出不少聞一多爲了嘗試豐富的幻象所犯的毛病。其實，聞一多《紅燭》詩集裏的詩，有不少是早年之作，他能發現中國詩的缺點以求彌補，已是對詩壇有所貢獻，實在不應太苛求。然而，朱氏的批評能幫助我們更了解聞一多寫新詩時，爲了豐富幻象所遭遇的困難。

平情而論，聞一多詩中也有不少的形容詞是生動的、美妙的，如：《李白之死》一詩中的「從葉縫裏篩過來的銀光跳蕩」[51]，《睡者》一詩裏的「月兒底銀潮／瀝過了葉縫」[52]以及《春之末章》的「綠紗窗裏篩出的琴聲」。[53]這些詩句都令人想起濟慈在《安狄米恩》(Endymion)裏描寫月光透過「開著的雲」的詩句：

And lo! from opening clouds, I saw emerge

The loveliest moon, that ever silver'd o'er

A shell for Neptune's goblet:[54]

許芥昱指出聞一多詩中描寫蛇的形象，可能是受了柯爾律治的影響。如《初夏一夜底印象》一詩，有以下描寫蛇的形象的句子：

　　陰風底冷爪子剛扒過餓柳底枯髮，

　　又將池裏的燈影兒扭成幾道金蛇。[55]

此外，在《美與愛》裏，他也用蛇形容樹的影子：

　　一雙棗樹底影子，像堆大蛇，

　　橫七豎八地睡滿了牆下。

　　…………

　　屋角底淒風悠悠嘆了一聲，

　　驚醒了懶蛇滾了幾滾[56]；

這些都是聞一多學習西方豐富幻象的一些例子。聞一多曾指出西詩中有一種長而複雜的Homeric Simile，它在中國舊詩裏找不到，這是受舊詩裏的篇幅和音節的限制所致，這也是中國舊文學裏沒有出現敘事詩Epic的緣故。聞一多認爲新詩若不受舊詩詞格律的束縛，便能發展豐富的幻象，寫出敘事詩。他說新詩的責任若在取人之長以補己之短，便要特別注意這個問題。[57]《紅燭》詩集裏的《李白之死》[58]和《劍匣》[59]也許就是他寫長詩的嘗試。

　　聞一多的詩在幻象上受西方影響是多方面的。他捕捉景物，不像中國傳統詩人把自己擺在萬物之中「以物觀物」，卻像西方詩人一樣以自己爲主來看景物，甚至不以寫景爲重，只把景物當作發揮他思想感情的場地。因此，在表現幻象時就模仿西方而用暗喻、明喻或擬人的手法。其次，聞一多詩中對物象的呈示法，也異於中國傳統詩人的作法：不是印象式、忽近忽遠、忽高忽低、沒有秩序的；而是接受了西洋美學的空間意識，有層次、有先後、直線式地建立詩中的幻象。這樣一來，在表達幻象的方法上，也受了西方的影響：注重細膩、有層次的描寫；模仿西方對形容詞的運用以及意象的營造。聞一多希望在脫離舊詩格律的束縛後，

能更自由地發揮想象力，使之更豐富、更明確。他也相信有了明確的幻象，才能產生真摯的情感。

三、情　感

　　聞一多說他寫詩是先積蓄了熱烈的情感，等過些日子，再用幻象把這些情感所留下的印象裝飾而成詩。他認為幻象越明確，情感就越深入，也更容易引起共鳴。我們在前一節已看到聞一多如何模仿西方表象的方式：是直線式的、一層層的按次序進行、通過知性活動而演繹出來。所以作品裏往往有「邏輯的結構」可循。詩中的情感就隨著一層層的幻象而加深，如《秋色》一詩便是一個很好的例子：他先描寫澗水；其次寫在水面上「旋著、掠著、翻著、低昂著……」的楓葉；再次寫綠茵上的橡葉、葉間的松鼠；接著寫飄著的栗葉、階下的鴿子、在遊戲的小孩；最後寫白楊樹。詩人把人的視線從最低的水一層層的引到最高的樹，於是刺激人的想像，而情感漸漸地建立起來。請看他最後把視線停在樹身上，勾畫出詩人「看樹不是樹」的幻象：

　　　憑在十二曲的水晶欄上，

　　　晨曦瞰著世界微笑了，

　　　笑出金子來了——

　　　黃金笑在槐樹上，

　　　赤金笑在橡樹上，

　　　白金笑在白松皮上。

　　　哦，這些樹不是樹了！

　　　是些絢縵的祥雲——

> 琥珀的雲，瑪瑙的雲，
>
> 靈風扇著，旭日射著的雲。
>
> 哦！這些樹不是樹了，
>
> 是百寶玲瓏的祥雲。[60]

詩人的幻象把人的視線帶到樹時，也激發了人的情感。當他想像樹不是樹時，使人的情感隨著飛騰的想像而加深。他讓讀者一面想像這樹不是樹而是雲、帝京。於是情感也一面隨著沸騰，幾乎達到喘不過氣來的地步。

㈠豐富的幻象使情感複雜

當情感與抽象思維連繫，對萬物產生間接的反映時，情感就不再單純而變成複雜了。[61]如《紅燭》一詩把蠟想像成軀體，把火想像成靈魂：

> 是誰製的蠟——給你軀體？
>
> 是誰點的火——點著靈魂？

因此，蠟燭燃燒的自然現象變成了詩人的靈魂在燃燒其軀體，以發出光的抽象想像。這樣的思維激發了複雜的情感，使詩人感到情感上的矛盾和衝突：

> 爲何更須燒蠟成灰，
>
> 然後才放光出？
>
> 一誤再誤；
>
> 矛盾！衝突！

然後詩人設法說服自己：

> 紅燭啊！
>
> 不誤，不誤！
>
> 原是要「燒」出你的光來——

這正是自然底方法。[62]

在這首詩之前，聞一多引了李商隱的「蠟炬成灰淚始乾」的詩句。
這是李商隱《無題》一詩中的一句，它的前一句是「春蠶到死絲
方盡」。[63]李商隱看到春蠶吐絲便聯想到燒蠟成灰，這樣的聯
想自然也具有一種悲情，但其中所含的情感並不複雜。因此，聞
一多在《紅燭》中所表露的複雜的情感是要採取西方抽象思維對
萬物起間接反映的結果。

這種複雜的心境也表現在《晴朝》一詩中：

若果也有和平底形迹，

那是一種和平底悲哀。[64]

和平的感受不再是單純平和的，而是幫著悲哀的苦楚和思鄉的情
感。

在《紅豆》一詩的前面，聞一多引了王維的「此物最相思」
的詩句。中國傳統詩人往往善於聯想，看到紅豆這相思豆，就動
了相思情。可是聞一多的相思之情卻給人一種複雜的感受，既痛
又癢，如下引詩句所表示：

相思是不作聲的蚊子，

偷偷地咬了一口，

陡然痛了一下，

以後便是一陣底奇癢。

接著，詩人把相思所帶來的複雜情感用欲罷不能休的心情表達出
來：

我的心是個沒設防的空城，

半夜裏忽被相思襲擊了，

我的心旌

> 只是一片倒降；
>
> 我只盼望——
>
> 他恣情屠燒一回就去了；
>
> 誰知他竟永遠占據著，
>
> 建設起宮牆來了呢？[65]

這種複雜的情感往往帶來了衝突和矛盾，不是傳統中國詩中所常見的。如在《劍匣》一詩中，當詩中的主人翁把劍匣造好後，他說：

> 哦！讓我的寶劍歸寢罷！
>
> 我又豈似無聊的楚霸王，
>
> 拿寶劍斫掉多少的人頭，

但是下一節馬上又說：

> 哦！但我又不妨學了楚霸王，
>
> 用自己的寶劍自殺了自己。

主人翁接著又改變主意：

> 不過果然我要自殺
>
> 定不用這寶劍底鋒鋩。
>
> 我但願展玩著這劍匣——
>
> 展玩著我這自製的劍匣，
>
> 我便昏死在他的光彩裏！[66]

詩中描寫主人翁費盡心機製好了劍匣，原為了安置寶劍，但不知為了什麼卻想用劍自盡，這種衝突與矛盾是無法用普通的思維去解釋的。

在《李白之死》一詩中，聞一多把李白愛月，卻得不著時的那種矛盾的情感很生動地描繪出來，詩人對心愛的月既愛又恨：

等我被你媚狂了，要拿你下來，

卻總攀你不到。唉！這樣狠又這樣乖！[67]

聞一多寫的第一首新詩《西岸》暗示著要向西岸的人學習，但欲往又止，也顯示出矛盾的情感：

有人講：「河太寬，霧正密。

找條陸道過去多麼穩！」

……　……

卻總都怕說得：「搭個橋，

穿過島，走著過！」爲什麼？[68]

《十一年一月二日作》一詩的最後一節，也道出詩人那種被矛盾、衝突的情感糾纏不清的無可奈何之感：

……死！你要來就快來，

快來斷送了這無邊的痛苦！

哈哈！死，你的殘忍，乃在我要你時，你不來，

如同生，我不要他時，他偏存在！[69]

雖然在《紅燭》詩集中，有不少詩的主題並不明顯，但是這種矛盾的感情總是層出不窮。

　㈡人魔鬥爭的情感

聞一多的詩中不但出現衝突、矛盾的情感，而且有人與神、魔鬥爭的詩句。這在傳統中國詩裏是不尋常的，中國詩中常寫人與神之間有默契而不是衝突。[70]聞一多在《愛之神》一詩描寫畫像上所看到而引起抽象的思維，每一節的詩總先描寫畫像上的美，而後提醒讀者這美中的陷阱。到了最後一節，詩人終於宣告這不是「綺甸園」，不是「美底家宅，愛底祭壇」，而是「死魔盤據著的一座迷宮」！[71]這種對神魔的觀念，使人聯想起希臘

神話或西洋詩中神魔鬥爭的境界。聞一多在另一首《別後》的詩中，描述別後與別前兩種全然不同的情感，在「頃刻之間，熱情冷淡，／已經百度底乘除了。」詩人又把這種變化歸罪在「惡作劇的虐魔」身上。[72]

　　㈢向神呼求的情感

　　在聞一多的詩中，也經常有向神發出呼求的心聲和情感，這也是傳統中國詩所罕見的。如他在《初夏一夜底印象》一詩的最後兩行：

　　　　上帝啊！眼看著宇宙糟踏到這樣，

　　　　可也有些寒心嗎？仁慈的上帝喲！[73]

在《志願》一詩中，也發出一聲聲向上帝呼求的心聲：

　　　　啊！主呀！我過了那道橋以後，

　　　　你將怎樣叫我消遣呢？

　　　　主啊！願這腔珊瑚似的鮮血

　　　　染得成一朵無名的野花，

最末的一句是：

　　　　主呀！你許我嗎？許了我罷！[74]

　　根據余光中的看法，西方在進化論興起而基督教衰落之後，在人的生命裏產生了一種無可奈何的虛無感。[75]這種情感在聞一多的詩中也常能感受到，如《雨夜》一詩，即令人感受到詩人要抓住夢，要「永遠拉著他，不放他走」，但是「夢依然沒有做成」，於是發出無可奈何的感慨：

　　　　哦！原來真的已被我厭惡了，

　　　　假的就沒他自身的尊嚴嗎？[76]

縱使是厭惡真的而追求假的夢幻，最後也編織不成。這一虛無的

心境反映了詩人的失落感。

　　《睡者》描寫詩人在睡者睡著時找到「人底真色相」,「自然底真創造」,但生怕睡者一覺醒來,一切的美都將失去。[77]這也反映了詩人患得患失的心境。又如在《幻中之邂逅》裏,那種在頃刻間見到又失去的感受,真叫詩人無可奈何:

　　　忽地裏我想要問他到底是誰,

　　　抬起頭來……月在那裏?人在那裏?

　　　從此猙獰的黑暗,咆哮的靜寂,

　　　便擾得我輾轉空床,通夜無睡。[78]

在《失敗》這首詩裏,描寫詩人得不到他所想要得到的東西。由於揠苗助長,使詩人產生了無限的悔恨之情:是自己心急把含苞的花剝開,結果花枯萎了;是自己嫌夢模糊把它震破,所以沒有做好他的夢。[79]

　　㈣對美、真、死、愛的追求

　　聞一多受英國十九世紀浪漫詩人的影響是非常明顯的。英國浪漫詩人認為:美是人生的理想;真是宇宙生命的最高原則;死是一個人獻身於他的理想最終的表現。因此,浪漫詩人對死往往有近乎迷戀的情感;此外,愛是值得崇拜的。這些主題控制了聞一多的思想,他詩中最激烈的情感就是表現在這些觀念上了。

　　《李白之死》一詩是藉李白捉月而死的傳說,以描繪詩人的人格。[80]詩中以月亮比喻浪漫詩人所追求的理想——真與美,它寫李白追求理想而表現真摯的情感。當他發現池中又有一個月時,他那種純真的情感使他不顧一切地要把他心愛的月亮救起來,於是翻身下池。當他在水裏抬頭看到月亮「平安」地掛在天上時,他以為已把月亮救上天了,便安然地瞑目而死。這首詩反映了浪

漫詩人追求美與眞的理想時所堅持的那種眞摯激烈的情感。如果說西方重視美與眞的統一,強調文藝的思維和理智的認識作用,而東方卻講求美與善的結合和文藝的教化作用[81];那麼,聞一多強調美與眞的理想,顯然受了西方影響。聞一多在《藝術底忠臣》一詩中特別引用濟慈「美即是眞,眞即美」的名句[82],可見他對眞與美的追求是跟著西方浪漫詩人的步伐的。以賽亞·伯林(Isaiah Berlin)曾經指出:「浪漫主義所注重的是主觀的、理想的,而不是客觀的、眞實的;是創造的過程,而非其成績;是目的,而不是效果。」[83]如果伯林的說法正確,那麼,林·朱麗葉說《李白之死》這首詩反映浪漫主義詩人所追求的理想往往是現實中無法得到的,因而造成了苦悶和矛盾的心情。[84]她這一見解是可接受的。有人認爲《李白之死》有濟慈《安狄米恩》(Endymion)一詩的痕迹。[85]像《李白之死》所表露的情感,也反映在《美與愛》一詩中。這首詩描寫「心鳥」爲追求美與愛付出了慘重的代價:

> 嗓子啞了,眼睛瞎了,心也灰了;
>
> 兩翅灑著滴滴的鮮血——[86]

這對於浪漫主義詩人追求理想的激烈情感和精神都表露無遺。

英國浪漫主義詩人在追求美的理想時,往往願意讓生命就止於那一刻,認爲死能使他永遠擁有這美的理想。聞一多受到這種激烈的情感的感染,而把它反映在《劍匣》一詩裏。主人翁費盡心機把劍匣造好後,認爲「大功告成」了,且願意「昏死」在它的「光彩」裏![87]濟慈也曾經在《希臘古瓮頌》(Ode on a Grecian Urn)一詩中企圖在希臘古瓮上留下那美好的一刻,讓古瓮上的愛人永遠愛下去,樹上的枝葉永不剝落,吹笛的人也不會

停歇，並且他的歌曲永遠新鮮。[88]因爲濟慈了解：如果讓生命繼續下去，則有好景不常的危險，所以寧可讓一切的幸福停止下來，以期永遠擁有它們。

十九世紀浪漫主義詩人對死的迷戀，影響了聞一多在《死》一詩所表現的情感：

死是我對你唯一的要求，

死是我對你無上的貢獻。[89]

這令人聯想起濟慈在《夜鶯頌》裏對死的嚮往：

我幾乎愛上靜謐的死亡，

我在詩思裏用盡了好的言辭，

求他把我的一息散入空茫；

而現在，哦，死更是多麼富麗：[90]

在濟慈的一首商籟體詩裏，他說死比詩、名譽和美都來得更刺激，它是生命情感的頂峰。[91]聞一多對藝術那種委身的精神和熱烈的情感，顯然是受了英國浪漫詩人的影響。他更崇拜濟慈那種「鞠躬盡瘁，死而後已」，並說濟慈做了「藝術底殉身者」，因而稱他爲「藝術底忠臣」。[92]我們可以說，在聞一多的詩中，情感表現得最激烈的是那些受西方浪漫主義所影響的詩。

聞一多曾說過中國人的情感表現，往往是及於友情而止。他認爲友誼、愛家、愛國、愛人格等的情感只能算是第二流的情感。他說，嚴格說來，只有男女間戀愛之情才是最烈、最高、最眞的情感。[93]在聞一多的詩中，就有不少是模仿西洋詩中那種對愛人的熱烈情感。如在《國手》這首短詩裏，聞一多把愛人比做是國手，表示願意將自己的「靈和肉」，「乾乾淨淨」地輸給他。[94]這種對愛人熾烈的情感，也見於《香篆》一詩裏：

　　　　心愛的人兒啊！

　　　　這樣清幽的香，

　　　　只堪供祝神聖的你：

　　　　我祝你黛髮長青！

　　　　又祝你朱顏長姣！

　　　　同我們的愛萬壽無疆！[95]

都是很直接地向愛人表示愛暱之情。其他以戀愛為主題的詩包括
《風波》[96]、《花兒開過了》等。[97]聞一多的《紅豆篇》共有
四十二首愛情詩，也許是寫給愛妻的。這些詩更赤裸裸地表達了
他戀妻、思妻心切的熱烈情感。每一首的詩句都是那麼纏綿，他
曾把自己比作經線，把愛人比作緯線，並說「命運織就了我們的
婚姻之錦」，無論橫看、直看、順看、倒看、斜看、正看，都是
相思。詩中有非常親熱的字句，如：

　　　　我倆是一體了！

　　　　我們的結合，

　　　　至少也和地球一般圓滿。

詩人想像他與愛人久別重逢時的詩句也很動人：

　　　　我們有一天

　　　　相見接吻時，

　　　　若是我沒小心，

　　　　掉出一滴苦淚，

　　　　漬痛了你的粉頰，

　　　　你可不要驚訝！

　　　　那裏有多少年底

生了鏽的情熱底成分啊！[98]

這些詩句中所表達對愛人的情感，一反中國傳統中含蓄的作風。
詩人坦然地、赤裸地表露出男女間那種崇高、眞實和熱烈的愛情。

【註釋】

[1]《全集·丁》，頁56-59。

[2]原文未發表，轉引自劉烜《聞一多評傳》，頁107。

[3]同上。

[4]《全集·丁》，頁106-107。

[5]《全集·丁》，頁107。

[6]《全集·丁》，頁100。

[7]《給梁實秋吳景超翟毅夫顧毓琇熊佛西諸先生》，《全集·庚》，頁
　　18。

[8]許芥昱指出，聞氏的理論不錯，但他所引的例子並不高明，因爲《太陽
　　吟》全詩十二節，每節三行，首句末尾都是「太陽」兩字，末句押「陽」
　　韻。因此，聞氏只證明了在中國字之中可以找出十二個押「陽」韻的
　　字。許氏認爲這並不稀奇。見所著《聞一多》，頁86，注50。

[9]《全集·丁》，頁102。

[10]押尾韻在中國舊詩是基本的要求，押內韻在中國舊詩中較少見。

[11]Ernest Hartley Coleridge (ed.) *Coleridge: Poetical Works*
　　(London: Oxford University Press, 1974), p. 189, II.75-78.

[12]《全集·丁》，頁40-47。

[13]《全集·丁》，頁66-67。

[14]同上，頁67-68。

[15]同上，頁69-70。

[16]同上，頁72-73。

[17]同上，頁97。

[18]同上，頁100-101。

[19]同上，頁101-102。

[20]朱湘指出聞一多的詩有用韻不妥的地方，見所著《評聞君一多的詩》，
在所著《中書集》（上海：生活書店，1934），頁329-333。

[21]《全集·丁》，頁100。

[22]《詩文集》，頁118。

[23]《全集·丁》，頁67。

[24]《詩文集》，頁118-119。

[25]M. H. Abrams, *The Mirror and the Lamp*. p. 136.

[26]同上。

[27]葉維廉《中國古典詩和英美詩中山水美感意識的演變》，見《比較詩學》
（台灣：東大圖書有限公司，1982），頁135-194。

[28]《全集·丁》，頁108-109。

[29]《冬夜評論》，同上，頁151。

[30]《全集·丁》，頁61。

[31]同上，頁63。

[32]同上。

[33]同上，頁100。

[34]《全集·丁》，頁110。

[35]同上，頁111。

[36]參考M. H. Abrams, *The Mirror and the Lamp*. p. 292:
"almost all the examples of the secondary, or 're-creative'
imagination which Coleridge explicitly cites in his criticism

would fall under the traditional headings of simile, metaphor,
and (in the supreme instances) personification....Imagination
acts 'by impressing the stamp of humanity, of human feeling,
over inanimate objects....' Objects are not 'faithfully copied
from nature,' but 'a human and intellectual life is trans-
ferred to them from the poet's own spirit.'"

[37]《詩文集》，頁67。

[38]參考宗白華《中國詩畫中所表現的空間意識》，見《美學散步》（上
海：人民出版社，1981），頁94。

[39]查良錚譯《秋頌》，見李采靡編選《世界著名作家詩砍選》（香港：上
海書局，1961），頁131-132。

[40]《秋色》，《全集·丁》，頁106-107。

[41]《全集·丁》，頁104。

[42]《給梁實秋吳景超翟毅夫顧毓琇熊佛西諸先生》，《全集·庚》，頁22。
本書重點在討論聞氏受西方的影響，故不分析他如何受李氏之影響。

[43]William Walsh, "John Keats" in Boris Ford (ed.), *Pelican Guide
to English Literature 5.* pp. 238-239.

[44]查良錚譯《秋頌》，見李采靡編選《世界著名作家詩砍選》，頁130。

[45]《全集·丁》，頁106-108。

[46]同上，頁80-81。

[47]同上，頁48-56。

[48]同上，頁104-106。

[49]同上，頁162。

[50]見朱湘《評聞君一多的詩》，見《中書集》，頁337。

[51]《全集·丁》，頁42。

[52]同上，頁61。

[53]同上，頁82。

[54]H. W. Garrod (ed.), *Keats: Poetical Works* (London: Oxford University Press, 1976), p. 69, II.591-593.

[55]《全集·丁》，頁87。

[56]同上，頁66-67。

[57]同上，頁151-152。

[58]同上，頁40-47。

[59]同上，頁40-56。

[60]同上，頁108-109。

[61]參考金開誠《文藝心理學論稿》（北京：北京大學出版社，1982），頁111。

[62]《全集·丁》，頁37。

[63]李商隱著，馮浩箋注《玉谿生詩集箋注》，頁399。

[64]《全集·丁》，頁101。

[65]同上，頁115-116。

[66]同上，頁54。

[67]同上，頁43。

[68]同上，頁59。

[69]同上，頁74。

[70]參考余光中《中西文學之比較》，見古添洪、陳慧樺編著《比較文學的墾拓在台灣》（台北：東大圖書有限公司，1976），頁135。

[71]《全集·丁》，頁83。

[72]同上，頁91。

[73]同上，頁88。

[74]同上，頁71。

[75]參考余光中《中西文學之比較》，古添洪、陳慧樺編著《比較文學的墾拓在台灣》，頁136。

[76]《全集・丁》，頁60-61。

[77]同上，頁62。

[78]同上，頁70。

[79]同上，頁71。

[80]《李白之死・序》，見《全集・丁》，頁40。

[81]參考周來祥《東方與西方古典美學理論的比較》，轉引自中國社會科學院哲學研究所編《中國哲學年鑒・1982》（上海：中國大百科全書出版社，1982），頁176。

[82]原文是"Beauty is truth, truth beauty", 見John Keats, "Ode on a Grecian Urn", H. W. Garrod (ed.), *Keats: Poetical Works*. p. 210.

[83]Isaiah Berlin, Preface to *The Mind of the European Romantics* by H. G. Schenk (London: Constable and Co. Ltd., 1966), p. xvi.

[84]Julia C. Lin, *Modern Chinese Poetry: An Introduction*. p. 90.

[85]參考劉烜《聞一多評傳》，頁178。

[86]《全集・丁》，頁67。

[87]同上，頁48-56。

[88]查良錚譯《希臘古瓮頌》，見李采靡編選《世界著名作家詩歌選》，頁127-130。

[89]《全集・丁》，頁75。

[90]查良錚譯《夜鶯頌》，見李采靡編《世界著名作家詩歌選》，頁125。

[91]Keats, "Sonnet XV: 'Why did I laugh tonight?' ", see H. W.

Garrod (ed.), *Keats: Poetical Works.* p. 370, II.13,14: "Verse, Fame, and Beauty are intense indeed, But Death intenser—Death is Life's high meed."

[92]《全集·丁》，頁86。

[93]《全集·丁》，頁176-183。朱光潛也說中國詩並不以戀愛詩作中心，參考所著《中西詩在情趣上的比較》，原載《申報月刊》，卷3號1（1934年1月15日），轉載《中國比較文學·創刊號》（1984年10月），頁38-40；並見所著《詩論》（香港：三聯書店，1984），頁71-73。

[94]《全集·丁》，頁79。

[95]同上。

[96]同上，頁68-69。

[97]同上，頁72-73。

[98]同上，頁114-117。

第六章 《死水》與西方詩學

一、形 式

闆一多認為新詩要注意的有兩方面的問題，那就是視覺的美和聽覺的美。視覺的美包括節的勻稱、句的均齊；聽覺的美包括音尺、平仄、韻腳等。總括而言，新詩的美感，可以歸納為三方面：音樂美（音尺、平仄、韻腳）、繪畫美（詞藻）和建築美（節的勻稱，句的均齊）。由於建築美和音樂美所受西方的影響比較明顯，在這一節裏，我們嘗試從《死水》詩集中去檢討闆一多如何實踐這兩方面的理論，並如何受西方的影響。

㈠建築美

闆一多是第一個提出新詩應該注意建築美的詩人。在《紅燭》詩集裏，闆一多還未嚴格地把這一方面的美實踐出來。但在《死水》詩集裏，幾乎所有的詩都是所謂「格律詩」，這表示詩人在形式上的實踐，已達到成熟的地步。《死水》詩集裏有不少的詩都分成幾節，節中的行數都一致，每行的字數也相等。這樣的格律雖出現於《詩經》，但闆一多的格律詩實際上是受到西洋詩的影響。[1]除此之外，《死水》集中的詩篇，雖然每節沒有一致的行數，每行的字數也未必相等，但總有如下的幾類規則：

1.不分節，每行字數大致相等，如：《口供》（每行十一字）[2]、《靜夜》[3]、《一個觀念》[4]、《發現》[5]、《天安門》

等。[6]

2.每節行數相等，每行字數相等，如：《死水》（每節四行，每行九字）[7]、《罪過》[8]、《黃昏》[9]、《夜歌》[10]、《愛國的心》[11]、《鳥語》[12]、《答辯》等。[13]

3.每節行數相等，它的形式也一致，如：《你莫怨我》（每節五行，每行字數為四、七、七、七、四）[14]、《什麼夢》[15]、《忘掉她》[16]、《末日》[17]、《我要回來》[18]、《一句話》[19]、《七子之歌》[20]、《叫賣歌》[21]、《比較》[22]、《漁陽曲》等。[23]這一類占數最多，重複的句子也較多。

4.每節行數相等，字數不等，如：《你看》（每節四行，每行十至十三字）[24]、《也許》[25]、《淚雨》[26]、《聞一多先生的書桌》[27]、《祈禱》[28]、《長城下的哀歌》[29]、《我是中國人》等。[30]

5.不以節為形式的單位，而以一首詩為形式的單位，如：《「你指著太陽起誓」》，第一節八行，第二節六行，是模仿「商籟體」的形式。[31]《洗衣歌》則首尾兩節各四行，每行六字；其餘各節，每節五行，各行字數為十、十、十、十、八。[32]《欺負著了》則單數的節，每節四行；雙數的節，每節兩行。[33]

從以上的詩歌形式可以看出，聞一多所謂建築美決不是以某一種形式為最佳；他是根據要表達的內容創造出各種形式，以達到他所謂「相體裁衣」的理想。中國的律詩只有五七言的格式，頗難按內容的需要以求適應，因此也難以完善地表達各種不同的情感和幻象。況且當時的社會已不同於唐代，生活的體驗相應有所改變。這一來，律詩便難以妥當完善地表現當時人的心態。所以聞一多要從西方學習詩的新形式，以達到「精神與形體調和的

美」。[34]

　　聞一多看重詩的建築美，有時照顧到每行字數的規律化，而不拘於每行一句，因此常有跨行的句子。這樣的寫法，王力稱爲「跨行法」[35]，如：《大鼓師》裏其中兩節的第三和四行：

　　　　我卻吞下了悲哀，叫她一聲，
　　　　　「快拿我的三弦來，快呀快！
　　＊這只破鼓也怪嫌鬧了，我要
　　　　　那弦子彈出我的歌兒來。」

　　　　　「但是，娘子啊！在你的尊前，
　　　　　許我大鼓三弦都不要用；
　　＊我們委實沒有歌好唱，我們
　　　　　既不是兒女，又不是英雄！」[36]

在《也許》一詩裏，也有跨行句：

　　　　也許你聽這蚯蚓翻泥，
　　　　聽這小草的根鬚吸水，
　　　　也許你聽這般的音樂
　　　　比那咒罵的人聲更美；[37]

根據王力的說法，這種「跨行法」是歐化詩最明顯的特徵之一。余光中也曾指出中國詩往往是一行一句，每行總是句完意亦盡，是西洋詩術語中所說的「煞尾句」。但英詩的一行則可能是煞尾句，也可能是待續句。[38]依此看來，聞一多以行而不以句爲單位的寫法，顯然是受了西洋詩的影響。[39]這種跨行的表現方式，通常是爲了押韻的緣故，如《「你指著太陽起誓」》一詩中的詩句：

只是你要説什麼海枯，什麼石爛……

那便笑得死我。這一口氣的工夫

還不夠我陶醉的？還説什麼「永久？」

愛，你知道我只有一口氣的貪圖，[40]

這是爲了使「夫」與「圖」押韻而運用跨行法。

《死水》詩集裏也有法國象徵派（symbolist）詩人魏爾蘭
(Paul Verlaine,1844-1896)等所創的「十一音」的表現法。[41]
如《口供》這首詩一共十行，全是十一音的格調：

我不騙你，我不是什麼詩人，

縱然我愛的是白石的堅貞，

青松和大海，鴉背馱著夕陽，

黃昏裏織滿了蝙蝠的翅膀。

你知道我愛英雄，還愛高山，

我愛一幅國旗在風中招展，

自從鵝黃到古銅色的菊花。

記著我的糧食是一壺苦茶！

可是還有一個我，你怕不怕？——

蒼蠅似的思想，垃圾桶裏爬。[42]

這種寫法，在漢語詩裏是很少有的。此外，如上文所提《「你指
著太陽起誓」》一詩，也是模仿「商籟體」的結構寫成的：第一
節有八行，第二節六行。[43]這都顯示聞一多想多方嘗試西方的
詩歌形式，以便擴大新詩表現的領域。

㈡音樂美

1.節　奏

聞一多很重視詩的音樂美。他認為音樂美在詩中表現為音節、平仄、韻、雙聲、疊韻等，而最主要的是節奏，因為「詩的所以能激發情感，完全在它的節奏」。[44]中國詩人少有重視節奏的，西洋詩人重節奏者則不少，如：吉卜林，霍普金斯(Gerard Manley Hopkins, 1844-1899)，艾略特等。他們往往藉詩中的節奏傳達情感和思想。如艾略特所說：當一個人想出新的節奏時，他一方面擴大了我們的情感，一方面又使我們的感受性更細膩；因此，這決不只是一種「技巧」而已。[45]

聞一多認識到白話文不再像文言文那樣是以單音詞為單位，而是以複音詞為單位。因此，就不能依舊用平仄來表現詩中的音樂性。英文是一字一音或一字多音，這和白話文有相似的地方，而且英詩是以音尺為詩行的單位。聞一多借鑒於英詩，認為白話詩也可以音尺為詩的單位。這一來，便可以顯示詩中的節奏。如《死水》一詩，每行有一個三字尺，三個兩字尺，以下是該詩第一節：

> 這是／一溝／絕望的／死水，
> 清風／吹不起／半點／漪淪。
> 不如／多扔些／破銅／爛鐵，
> 爽性／潑你的／剩菜／殘羹。[46]

聞一多就以這樣的節奏寫成了《死水》這首詩，這是他運用音尺以帶出節奏感的成功例子。

在表面上看來，用音尺以強調節奏感似乎非常技術化。可是，聞一多如艾略特所說的，要用節奏把詩中潛伏著的思想和感情表達出來。《死水》這首詩是寫中國當時那種無可救藥的情形。這個主題令人聯想到艾略特的名詩《荒原》(The Waste Land)[47]：

這首詩寫世界第一次大戰後西歐人失去信仰、迷失方向，而淪於機械化的生活；同時表現一種沒有意義的、虛無的、近乎沒有生命(sterile)的情境。聞一多為了配合《死水》詩中主題的嚴肅性，在節奏上採取自始至終幾乎完全一致的格式（即每行有三個二音尺，一個三音尺），像密碼所表現的那種呆板的節奏感，給人一種沉靜甚至單調的感覺，暗示著沉悶，但仍然撐下去的感覺。這又令人想起艾略特所說的「聽覺上的想像」(auditory imagination)的效果。[48]

　　《死水》這首詩規律化的節奏配合了嚴肅的主題，就像音樂中用低沉的鼓聲作背景一樣。但是，詩中那種在絕望中掙扎，幻想美景再現的複雜而起伏的情緒，都表現在詩中富有想像的詞句裏，雖然其中的情緒始終給人一種壓抑的感覺。這一首像以低沉的鼓聲作背景的音樂，其旋律雖有起伏，仍忘不了那沉寂的提醒。詩中第一、二行是全無動靜的死水；第三、四行開始說到死水裏扔東西、潑東西；第二節想像仍下的東西也許會「綠成翡翠」，「鏽出桃花」，「織成羅綺」，「蒸出雲霞」，於是這溝死水漸漸地在想像中活躍起來，像音樂漸漸提高調子，有了變化；接下來，想像中的死水不但「酵成綠酒」，更有一粒粒「珍珠似的白沫」；接著調子更高昂了：小珠變成大珠，還有青蛙叫出「歌聲」，像是音樂到了最高潮。這時詩中的音調突然急轉直下，又降回開始時那種死寂的靜，依然是「一溝絕望的死水」。詩人的情感隨著他的想像力而增進，像一首樂曲漸漸由低而高一樣，當想像力達到最豐富，情感升到最激烈的時候，樂曲的高潮也到了；最後當詩人把想像力轉回殘酷的現實時，情感再度感到失望和無助，樂曲也到了尾聲。艾略特為了在《荒原》中表達現代人那種

支離破碎的空虛感，全首詩用了各種殘缺不全的意像，結果成功的譜成了一首完整而不協調的樂曲。聞一多的《死水》正是顧到表現手法與思想感情相輔相成的關係。

聞一多在寫抒情式的詩歌時，他用的又是另一種節奏，以配合這類詩砍的思想感情。如《忘掉她》是一首哀悼他女兒夭折的抒情詩，以下是第一、二節：

> 忘掉她，像一朵忘掉的花，——
>> 那朝霞在花瓣上，
>> 那花心的一縷香——
> 忘掉她，像一朵忘掉的花！

> 忘掉她，像一朵忘掉的花！——
>> 像春風裏一出夢，
>> 像夢裏的一聲鐘，
> 忘掉她，像一朵忘掉的花！[49]

這首詩共有七節，每節第一行和最後一行是重複的。這種疊句（refrain）是白話詩受西洋詩影響常見的一個現象。[50]這首詩的韻式為RaaR, RBB'R, RccR, RddR RccR ReeR RBB'R。R是代表疊句；aa，cc等是每行最後一個字所押的韻；BB'則表示這兩行押韻相同而且兩句重複出現。

聞一多選用這種節奏以表達他哀悼女兒的心情，梁實秋指出這樣的反複重疊，固然盡歌謠體（lullaby）的能事，而沉慟的至情也能自然地表達出來。[51]這首詩在每節的第一行和最後一行都重複同一句話，在音樂感上呈現一搖一擺的鐘擺式。話雖說是要「忘掉她」，但是這樣一再的重複怎麼忘得了呢？結果只有產

生更悲慟的效果。因此，這種重複的疊句和歌謠體就適合聞氏所要表達的心境。這與《死水》那種嚴肅沉重的節奏大不相同。雖然有人批評聞氏這首詩學美國現代女詩人蒂絲黛兒（Sara Teasdale, 1884-1933)的一首抒情小品"Let It Be Forgotten"（忘掉它），並且學得太露骨；又認為這首詩既濫調又費辭。[52]但是，聞一多畢竟是在學習西洋詩歌用節奏配合內容的技巧上作了一些嘗試。

《死水》詩集裏採用類似以上節奏的抒情詩，包括《你莫怨我》[53]、《我要回來》等。[54]

讀過《洗衣歌》這首詩的人，往往難以忘懷。這固然是因為詩題的別致，但也許同樣重要的因素是詩中用以表達情感的節奏。這首詩反映僑居美國的中國人被人們嘲笑和歧視的心情。這首詩首尾兩節相同，其餘六節形式也一致；每一行的重音也非常清楚，使節奏急促，表現責罵的口吻。詩中首尾兩節更為特別，奠下這首詩具有節奏感的基礎：

（一件，兩件，三件，）

洗衣要洗乾淨！

（四件，五件，六件，）

熨衣要熨得平！[55]

其餘六節每節的末行是兩個重複的句子，加重了諷刺和氣憤的語氣。各節的末行如下：

(1)交給我洗，交給我洗。

(2)替他們洗！替他們洗！

(3)你信不信？你信不信？

(4)你們肯幹？你們肯幹？

(5)問支那人，問支那人。

(6)交給我——洗，交給我——洗。

詩中的口語化使它更像是出於僑居美國華人的口，由是加深它的真實感和親切感。梁實秋認為此詩在技術上模仿吉卜林[56]；許芥昱指出還有斯溫伯恩（Algernon Charles Swinburne, 1837-1909）式音節的重複使用。[57]其實這首詩最令人想起的是胡德（Thomas Hood, 1799-1845）的"The Song of the Shirt"（縫衣曲）。[58]總之，聞一多學習西洋詩人的技巧，找尋適合的節奏以配合這首詩所要表達激憤之情。

《死水》詩集裏還有一種敍事詩，如：《飛毛腿》[59]、《天安門》[60]、《罪過》等。[61]聞一多在這些詩裏藉著老百姓的口，描述社會的一些不公平現象。由於所用的是道地的北京土話，詩中的節奏也有所不同。

《飛毛腿》描寫一個人力車夫不幸的遭遇，詩句都是用道地的北京土話。由於充份地利用口語化的效果（conversational tone)[62]，使人讀到詩句，就能想像他們說話的情形，更容易受詩中感情所動。這首詩每行十三字，共十六行，其中只有兩行長短有變化。由於是用北京土話寫的，便不能用普通正規分音尺的方法去分析它的節奏，一定得把握北京土話裏自然的重音，才能發現每一行詩都有三個音尺。有人把這首詩的音韻比作英國詩人霍普斯金所說的「跳出來的節奏」(Sprung rhythm)。[63]

《罪過》和《天安門》也是用北京土話寫成。梁實秋說，讀起來「頗有抑揚頓挫之致，而且詩又是寫實的，都是出於窮苦人的口吻，非常親切。」[64]這種手法也令人聯想到吉卜林的詩"Danny Denver"（丹尼·鄧弗爾）。[65]這首英詩中的對話模仿

說話人的地方口音，利用方言的節奏，使詩的效果表現得更自然和逼眞。

聞一多在這幾首詩裏都用了戲劇的獨白、對白（ dramatic monoloque)的手法。[66]這是布朗寧常用的一種寫作手法。[67]在戲劇的對白裏，往往可以透露事件的前因後果，也可以暗示出其中的特殊性；這是白話詩向西洋詩歌學習的寫作技巧之一，而且往往用在社會寫實的作品裏。[68]

2.押　韻

聞一多除了在詩歌的節奏上向西方學習之外，他在詩的押韻方面也借鑒於西洋詩歌的寫法。如英詩裏常有「–ing」收音的詞，這種詞形成了「陰韻」，白話詩中有些人便用「了」，「著」，「的」，「呢」，「嗎」等字來形成陰韻。[69]如《罪過》一詩：

> 「我知道今日個不早了，(zao le)
>
> 沒想到一下子睡著了。(zhao le)
>
> 這叫我怎麼辦，怎麼辦？
>
> 回頭一家人怎麼吃飯？」
>
> 老頭兒拾起來又掉了，(diao le)
>
> 滿地是白杏兒紅櫻桃。[70]

《天安門》也有類似的例子：

> 不才十來歲兒嗎？幹嗎的？
>
> 腦袋瓜上不是使槍軋的？[71]

還有《飛毛腿》的例子：

> 我說飛毛腿那小子也眞夠瘔扭，
>
> 管包是拉了半天車得半天歇著，
>
> 一天少了說也得二三兩白乾兒，

醉醺醺的一死兒拉著人談天兒。

他媽的誰能陪著那個小子混呢？

「天爲啥是藍的？」沒事他該問你。

還吹他媽什麼簫，你瞧那副神兒，

窩著件破棉襖，老婆的，也沒準兒，

再瞧他擦著那車上的倆大燈罷，

擦著擦著問你曹操有多少人馬。

成天兒車燈車把且擦且不完啦，

我說「飛毛腿你怎不擦擦臉啦？」

可是飛毛腿的車擦得真夠亮的，

許是得擦到和他那心地一樣的！[72]

有一種叫隨韻（法文 rimes suivies）的押韻方式，即在第一、二行押韻，在第三、四行押韻(aabb)。[73]這種押韻方式在中國的近體、古體詩中都少見。[74]聞一多在《祈禱》一詩對這種用韻的方式作出嘗試，成爲四行隨韻，以下是這首詩的第三和第四節：

告訴我那智慧來得離奇，	a
說是河馬獻來的饋禮；	a
還告訴我這歌聲的節奏，	b
原是九苞鳳凰的傳授。	b
誰告訴我戈壁的沈默，	c
和五嶽的莊嚴？又告訴我	c
泰山的石霤還滴著忍耐，	d
大江黃河又流著和諧？[75]	d

聞一多押韻時講求自然而不拘泥，在這首詩中「人」和「緊」，以及「人」和「心」也可以互押，如以下四行：

　　　請告訴我誰是中國人，

　　　啟示我，如何把記憶抱緊·；

　　　……　　……

　　　請告訴我誰是中國人，

　　　誰的心裏有堯舜的心，

　　隨韻中有兩行一韻的，叫偶體詩(couplet)。這種押韻方式在英詩裏用得比中詩多。[76]《死水》詩集裏也有不少這樣押韻的詩。如：《發現》[77]、《一個觀念》[78]、《靜夜》[79]、《罪過》[80]、《春光》[81]、《飛毛腿》[82]、《口供》[83]、《天安門》等。[84]以下舉《發現》中的一段為例：

　　　我來了，我喊一聲，迸著血淚，　　　a

　　　「這不是我的中華，不對，不對！」　a

　　　我來了，因為我聽見你叫我；　　　b

　　　鞭著時間的罡風，擎一把火，　　　b

　　　我來了，不知道是一場空喜。　　　c

　　　我曾見的是噩夢，那裏是你？　　　c

　　　那是恐怖，是噩夢掛著懸崖，　　　d

　　　那不是你，那不是我的心愛！　　　d

　　　我追問青天，逼迫八面的風，　　　e

　　　我問，（拳頭擂著大地的赤胸，）　e

　　　總問不出消息；我哭著叫你，　　　c

　　　嘔出一顆心來，——在我心裏！　　c

聞一多在《死水》裏押隨韻的詩，多數是屬於比較嚴肅的主題，

如反映中國當時的社會現象等；而在法詩裏，隨韻乃是古典悲劇
(tragedy)裏的韻式。[85]可見聞一多有意模仿西洋詩用某種韻式
寫某種主題的手法。

聞一多也用過西洋詩裏交韻（法文 rime croisées）的一種
韻式叫雙交韻(abab)，即是第一和第三行押韻，第二和第四行押
韻。這種雙交韻是交韻的正則。[86]以下舉《收回》一詩爲例：

那一天只要命運肯放我們走！	a
不要怕；雖然得走過一個黑洞，	b
你大膽的走；讓我搢著你的手；	a
也不用問那裏來的一陣陰風。	b
只記住了我今天的話，留心那	c
一掬溫存，幾朵吻，留心那幾炷笑，	d
都給拾起來，沒有差；——記住我的話，	c
拾起來，還有珊瑚色的一串心跳。[87]	d

在西洋的交韻詩中也有單交，即偶行押韻，奇行不押韻。漢
語的絕句，很像西洋的四行單交xaxa，因此，在白話詩的初期，
單交的詩相當盛行。聞一多在《死水》詩集裏也用了不少的單交，
如：《死水》[88]、《大鼓師》[89]、《狼狽》[90]、《淚雨》[91]、
《末日》[92]、《聞一多先生的書桌》[93]、《荒村》[94]、《黃
昏》等。[95]以下試舉《狼狽》中的兩節爲例：

假如又是灰色的黃昏	x
藏滿了蝙蝠的翅膀；	a
假如那時不是我不念你，	x
那時的心什麼也不能想。	a

假如落葉像敗陣紛逃，   x

暗影在我這窗前睥睨；   b

假如這顆心不是我的了，   x

女人，教它如何想你？   b

在《死水》詩集裏也可以看到純然是西洋形式的抱韻（法文 rimes embrassées)[96]；它是第一行和第四行互押，第二行和第三行互押，韻式是abba。如《忘掉她》。[97]此外，也有變式的抱韻，如《我要回來》。以下是這首詩的前兩節：

我要回來，   a

乘你的拳頭像蘭花未放，   b

乘你的柔髮和柔絲一樣，   b

乘你的眼睛裏燃著靈光，   b

我要回來。   a

我沒回來，   a

乘你的腳步像風中蕩槳，   b

乘你的心靈像痴蠅打窗，   b

乘你笑聲裏有銀的鈴鐺，   b

我沒回來。[98]   a

這首詩共有四節，全詩的韻式是 abbba abbba accca accca。這樣的押韻方式，很明顯是受西洋詩的影響。

《死水》詩集裏，還有交韻、隨韻和抱韻三種韻式雜用的歐化詩，如《「你指著太陽起誓」》：

你指著太陽起誓，叫天邊的寒雁   a

說你的忠貞。好了，我完全相信你，   b

甚至熱情開出淚花，我也不詫異。　　　　　b

只是你要說什麼海枯，什麼石爛……　　　a

那便笑得死我。這一口氣的工夫　　　　　c

還不夠我陶醉的？還說什麼「永久？」　　d

愛，你知道我只有一口氣的貪圖，　　　　c

快來箍緊我的心，快！啊，你走，你走……　d

我早算就了你那一手──也不是變卦──　　e

「永久」早許給了別人，秕糠是我的份，　f

別人得的才是你的菁華──不壞的千春。　f

你不信？假如一天死神拿出你的花押，　　e

你走不走？去去！去戀著他的懷抱，　　　g

跟他去講那海枯石爛不變的貞操！[99]　　g

全首詩的韻式是 abbacdcd effegg。由於它是八行加六行的形式，很有可能是模仿商籟體的形式。聞一多曾指出西洋詩中的商籟體最像中國的律詩，它不短不長，是最合藝術原理的抒情詩體。[100]上引的這首詩把第一行和第二行的「叫天邊的寒雁／說你的忠貞」分作兩段，用跨行的方式處理，想是要與第四行的「爛」字押韻；因此，第四、五行又用跨行法把「什麼石爛」和「那便笑得死我」分開。這種表現法在西洋詩裏比較普遍，但用在漢詩裏，有人讀起來感到不習慣。[101]

　　從這一節裏，我們可以看到聞一多所提倡的《詩的格律》中的建築美和音樂美，有不少地方是向西方學習的。在這方面，聞一多不論是理論上創造性的發現，或是創作中試驗的成功，都表明他所提倡的「格律」，對建立新格律詩，有很大的貢獻。[102]

其實，這正說明聞一多學習西方以知性建設詩歌理論的貢獻。

二、情　感

聞一多去了珂泉之後，就強調文學必須反映人生，這與他寫《紅燭》詩集時所注重的論點很不同。我們試從他的《死水》詩集裏，去分析他的詩中的情感與所面對的西方文化的衝擊有著什麼樣的關係。

㈠對西方文化的期望

聞一多的《紅燭》詩集明顯地反映他受十九世紀浪漫詩人的影響，這不論在想像力或情感上都表露無遺。但是《紅燭》裏有些詩歌也反映出現代人一種無可奈何、無助和虛無的情感。雖然，在這方面的主題思想和表現手法都不很成熟，但似乎卻成了《死水》中反映人生的伏線。我們讀他早期所寫的一首詩《爛果》，便會覺得它與《紅燭》詩集中其他的詩在格調上有不同，反而使人聯想到《死水》一詩。以下試舉《爛果》一詩與《死水》比較：

> 我的肉早被黑蟲子咬爛了。
>
> 我睡在冷辣的青苔上，
>
> 索性讓爛的越加爛了，
>
> 只等爛穿了我的核甲，
>
> 爛破了我的監牢，
>
> 我的幽閉的靈魂
>
> 便穿著豆綠的背心，
>
> 笑迷迷地要跳出來了！[103]

這裏是以「爛果」作象徵，與《死水》有相同的含意，都是以負面的「爛」與「死」為主題。[104]《爛果》裏說：

索性讓爛的越加爛了，

《死水》裏是：

爽性潑你的剩菜殘羹，

《爛果》裏表示等它「爛穿」、「爛破」之後，「幽閉的靈魂」
要「笑迷迷地跳出來」。《死水》裏也希望死水中「銅的綠成翡
翠」、「鐵罐上銹出桃花」、「死水酵成綠酒」。但是聞一多在
《死水》裏畢竟沒有很大的信心，在最後一節裏，詩人這麼說：

這是一溝絕望的死水，

這裏斷不是美的所在，

不如讓給醜惡來開墾，

看他造出個什麼世界。[105]

在這裏我們可以說《爛果》和《死水》都一樣地指著中國而
言。這兩首詩表示對中國的舊傳統感到失望，盼望舊的一切死
後，新的會帶來美好的前途。在《爛果》裏，詩人表現得比較樂
觀，但是到了《死水》，他的信心就減弱了。

其實，聞一多在留美以前所寫的白話詩《西岸》[106]，就透
露出要向西方學習，表達他取人之長，以補己之短的心意。他一
面希望西方文化能幫助建立中國的新文化，一面又擔心這條路行
不通：

「西岸地豈是爲東岸人？

若不然，爲什麼要劃開

一道河，這樣寬又這樣深？」

但是無論如何，詩人願意負起這個重任：要「搭個橋，穿過島，
走著過！」。

㈡對西方文化的失望

　　當他到了美國，親身接觸到西方社會和西方文化時，卻發現那不是「一個有思想之中國青年」所能久居的社會。[107]當他看到美國人歧視美國華僑，嘲笑他們開洗衣店時，更氣憤地發出了感時憂國的心聲，寫了《洗衣歌》，反映了美國社會中的罪惡、貪心、欲火等一切骯東西，而且諷刺地說，這些骯東西，都要由「支那人」來洗淨：

　　　　我洗得淨悲哀的濕手帕，

　　　　我洗得白罪惡的黑汗衣，

　　　　貪心的油膩和欲火的灰，……

　　　　你們家裏一切的骯東西，

　　　　交給我洗，交給我洗。

　　　　銅是那樣臭，血是那樣腥，

　　　　骯了的東西你不能不洗，

　　　　洗過了的東西還是得骯，

　　　　你忍耐的人們理它不理？

　　　　　　替他們洗！替他們洗！[108]

㈢對傳統文化的懷念

　　聞一多對美國社會文化的失望，使他一時無所適從，因為他原本已對中國舊社會、舊文化感到絕望，如今又發現無法溶入西方的文化和社會。他雖然企圖折衷二者而建立新文化、新希望，但是在這個理想實現之前，他面臨了文化的「認同危機」。[109]這使他暫時沉緬在過去的光輝裏，表現出對舊文化欲捨難放的情懷。這種心境反映在家書中：「我乃有國之民，我有五千年歷史與文化，我有何不若美人者？」[110]在詩中，這種感情更有了強

烈的反映，如《一個觀念》裏所說的：

> 五千多年的記憶，你不要動，
>
> 如今我只問怎樣抱得緊你……
>
> 你是那樣的橫蠻，那樣美麗！[111]

對過去「五千多年的記憶」所產生藕斷絲連之情，使詩人在《祈禱》中「輕輕」地述說這民族的偉大：

> 請告訴我誰是中國人，
>
> 啟示我，如何把記憶抱緊；
>
> 請告訴我這民族的偉大，
>
> 輕輕的告訴我，不要喧嘩！
>
>
> 請告訴我誰是中國人，
>
> 誰的心裏有堯舜的心，
>
> 誰的血是荊軻聶政的血，
>
> 誰是神農黃帝的遺孽。[112]

表面上《祈禱》這首詩是安祥、滿足的，可是詩人知道他所擁抱的、所歌頌的畢竟不是當時的中國，而是光輝的歷史。

四對傳統文化的失望

詩人可以沉迷於一時，卻不能沉迷一世。當他回到現實中時，他又有了《發現》：

> 我來了，我喊一聲，迸著血淚，
>
> 「這不是我的中華，不對，不對！」[113]

詩人發現自己趕回來得到的卻是「一場空喜」，和一個恐怖的「惡夢」，絕對不是他的「心愛」，於是詩人發慌地「追問青天，逼迫八面的風」甚至「拳頭擂著大地的赤胸」，但總問不出消息，

最後詩人只有哭著地叫喊！

　　詩人不再沈醉於舊文化中的光輝，他在《口供》一詩裏，說他雖愛「自從鵝黃到古銅色的菊花」（代表中國的舊傳統和舊光輝），但是卻「記著我的糧食是一壺苦茶」，顯示他看到了中國醜惡的一面，因此，詩人宣告說：

　　　　可是還有一個我你怕不怕？——

　　　　蒼蠅似的思想，垃圾桶裏爬。[114]

所以，當聞一多回到醜惡的現實時，他又感到不安，因爲現實生活的衝擊使他無法按捺心中的困擾。他在《靜夜》裏著急地提醒自己：

　　　　如果只是爲了一杯酒，一本詩，

　　　　靜夜裏鐘擺搖來的一片閑適，

　　　　就聽不見了你們四鄰的呻吟，

　　　　看不見寡婦孤兒抖顫的身影，

　　　　戰壕裏的痙攣，瘋人咬著病榻，

　　　　和各種慘劇在生活的磨子下。

　　　　幸福！我如今不能受你的私賄，

　　　　我的世界不在這尺方的牆內。[115]

他決不能袖手旁觀，苟且偷安，因爲醜惡的現實太眞了，使他逃避不了。

　　㈤受現代西方人失落感的影響

　　聞一多對中國文化既然由期望而轉變爲失望，於是便竭力追求中西文化融合的結晶，以創造新文化、新社會。但是，這理想卻落了空。就西方文化來說，它一向是以基督教信仰爲基礎的。可是當西方的科學逐漸進步，尤其是達爾文的「物種原始論」

(The Origin of Species)在十九世紀中出版後，使人們對於根本的生存問題起了疑惑，同時搖撼了人們的宗教信仰。西方人對人生觀有了巨大的改變，「適者生存」的新觀念使他們覺得人生不過是一大串不絕的艱苦掙扎。人們所面對的是一個嚴酷的社會環境，人的生命操縱在命運的手裏，誰也逃不過。哈代(Thomas Hardy, 1840-1928)小說中的主角就往往受命運擺布、蹂躪，完全不能自拔，終爲環境的鐵掌所捏死。二十世紀對於宗教失去了熱忱的信仰，對於人生失去了赤子似的依賴，陷入懷疑、悲觀、徬徨的境地，找不到一個靈魂的歸宿。[116]

　　第一次世界大戰的爆發，也震撼了全世界，人們對人類的文明失去了信心；對人性起了各種無法解答的疑問，使人們感到生命是那麼機械化，那麼的無意義，就像艾略特長詩《荒原》中所描寫的一樣。《荒原》象徵著整個世界，更象徵現代人那種對生活感到無目標、虛無、遁世的心態。他以片段的攝影式手法去表現人心中支離破碎、無所適從的境況。葉芝在他的名詩《第二次再來》"The Second Coming"中，也指出整個世界已失去其支持的力量，一切已經顛倒混淆（Things fall apart, the centre cannot hold）。[117] 這種失落感反覆出現在康拉德（Joseph Conrad, 1857-1924），勞倫斯(David Herbert Lawrence, 1885-1930)，喬尹斯(James Joyce, 1882-1941)以及吳爾夫(Virginia Woolf, 1882-1941)等作家的作品中。[118]

　　艾略特說過一個偉大的詩人在寫自己時，同時也反映了他所處的時代。[119]聞一多面臨著現代人的失落感，使他所憧憬的中西文化的結晶歸於烏有，反映在他詩中的是一般現代人那種失落無助，無可奈何，受著殘酷命運折磨的心態。在《收回》這首詩

中，一開始就把這個主題點了出來：

> 那一天只要命運肯放我們走！
>
> 不要怕；雖然得走過一個黑洞，
>
> 你大膽的走；讓我撥著你的手；
>
> 也不用問那裏來的一陣陰風。[120]

詩中的「你」和「我們」是誰，雖然難以確指，但詩人表現了一種受命運阻擋的苦悶，而且企圖要衝破命運所安排的「黑洞」和「陰風」，要把「損失了的黃金」、「斑爛的殘瓣」拾起來。原來詩人在吶喊、掙扎，要「收回」命運所奪去的美好事物。詩的末尾點出詩中的「你」是「戴著愛的圓光」的、莫非是指神聖的創作──詩的本身？如果是的話，那麼，詩人至少希望詩不受命運所束縛而獲得自由，進入完美的境界。

聞一多不但看到現代人面臨殘酷的環境；更看到現代人心中那種對生命感到沒有把握，對一切感到悲觀，對自己更是感到孤立無援的心態。如《大鼓師》裏所說的：「我唱過了形形色色的歌兒」，但是「咱們自己的那隻歌兒呢？」，詩人說若要問到這個問題，便「說不出的心慌！」這把詩人無可奈何的心境表露無遺。詩人說：

> 我們委實沒有歌好唱，我們
>
> 既不是兒女，又不是英雄！[121]

詩中充滿了現代人那種失落感，流露出不認識自己，不能肯定自己生存的價值的心理危機。

這些詩不斷地使人感到詩人對一切的不肯定，總是有一種外在勢力阻擋著一切而引起心靈的恐慌和苦悶。《狼狽》這首詩用男女愛情間的關係表達了一切事都受客觀環境限制，不能隨心所

欲,只能在一切事上加上「假如」的疑惑,似乎人們總是對自己
作不了主:

> 假如流水上一抹斜陽
>
> 悠悠的來了,悠悠的去了;
>
> 假如那時不是我不留你,
>
> 那顆心不由我作主了。[122]

詩中的表現手法既用一對男女的戀愛突出主題,又用兩個否定詞
(double negation)表示無奈,都可看出受西方影響的蛛絲馬迹。

　　同樣的主題出現在《聞一多先生的書桌》一詩裏。詩的最後
一節是:

> 主人咬著煙斗迷迷的笑,
>
> 　「一切的眾生應該各安其位。
>
> 我何曾有意糟踏你們,
>
> 　秩序不在我的能力之內。」[123]

「主人」所說的話暗示著一個嚴肅的人生觀:對人生所發生的一
切既無法解釋,又無能為力。

　　聞一多在詩中也表達了人生那種無法逃過命運的摧殘的悲觀
心理,如《淚雨》一詩[124],把人生從小孩、少年到中年、老年
都要流淚的現象比喻人生是「悲哀的總和」。《黃昏》這首詩[125]
則把黃昏比作一頭遲笨的黑牛,每天一定要走下西山,又要牽上
西山,誰也阻止不了這個事實的發生,這象徵人生的逆境總要到
來,誰也不能逃過命運的安排。

　　也許在一切無可預測,不可阻止的客觀環境中,死亡的力量
是確定無疑的了。如《末日》中所寄托的象徵意義[126]:詩人所
盼望的是「一盆火」,可是得到的卻是「一堆灰」,象徵著殘酷

的環境，甚至是死亡的來臨，末日的朕兆。更明顯的是《「你指著太陽起誓」》這首詩所說的。[127]詩中的主人翁對情人說，不要說「什麼海枯，什麼石爛」，談什麼「永久」；並不是因爲他懷疑「情人」會變心，而是因爲命運是那麼難預測：

　　假如一天死神拿出你的花押，

　　你走不走？去去！去戀著他的懷抱，

　　跟他去講那海枯石爛不變的貞操！[128]

死亡是殘酷的客觀環境中最冷酷無情的一關。聞一多目睹現代人的苦境，使他想到人人所逃不過的死亡，使他那種欲求突破的心情一再受到挫折。

　　㈥追求中西文化的融合

　　聞一多雖然對中國傳統文化失望，又嚴重地感受到現代西方人的失落感，但是他似乎仍然不氣餒，仍然希望促進中西文化的融合，以便實現新文化、新生命的理想；要不然，他不會在擱筆寫新詩的三年後，再次寫下了《奇迹》這首詩。[129]《奇迹》在《詩刊》上發表後，引起很多的爭論[130]，梁實秋、臧克家、許芥昱等對這首詩都有不同的解釋。[131]究竟聞一多所期待的奇迹是什麼？

　　聞一多說他要的不是「火齊的紅」，不是「半夜裏桃花潭水的黑」、「琵琶的幽怨」（都是中國的象徵）；也不是「薔薇的香」，「文豹的矜嚴」（西方的象徵）……等；而是所有這些的「結晶」。這「結晶」比平鋪著的一切更神奇得萬倍，它是一個「奇迹」！可見聞一多所要的奇迹，是東西方文化融合起來的結晶。其實，他在清華唸書談及藝術時，已經懷有這樣的理想：

　　理想的藝術底想像，……不是西方現有的藝術，更不是中

國的偏枯腐朽的藝術底僵尸，乃是熔（融）合兩派底精華底結晶體。[132]

但是，在這個奇迹未出現，而「靈魂正餓得發慌」總不能讓它缺著供養時，就連代表中國舊文化的事物、舊詩的意象：「一樹蟬唱，一壺濁酒」、「煙巒」、「曙壑」、「璀璨的星空」，雖已是平凡了，也得要抓來。[133]但這一切，始終不能代表他的理想。因為，一來，這一切只不過是舊傳統的光輝，沒有新生命；二來，這些意象只不過是片段的、零碎的，雖然是美，都未免太支離，太玄了。[134]

其實，只要奇迹一出現，他不再「瞅著一張霜葉夢想春花的艷」[135]，也絕不浪費氣力去「剝開頑石來誅求白玉的溫潤」[136]，也不再去鞭撻著「醜」，逼那份背向的意義。像他在《死水》所寫的那樣，他說他實在早已厭惡了「這些勾當」。

他要的是「整個的、正面的美」。它不是一句美的詩，因為這太支離，太平凡了；也不是東西文化溶合後的一首新詩，因為這只是象徵性的，不是完整的；而是東西文化溶合後的新文化、新生命。他靜候著這個奇迹的來臨，他懷著信心期待這一天的到來，即使是一刹那也好，那將是「一刹那的永恒」。到時一切會蕭靜，連日、月、一切星球的旋動、時間都止步。[137]到時也許會聽見：

閶闔的戶樞砉然一響，

傳來一片衣裙的綷縩——那便是奇迹——

半啓的金扉中，一個戴著圓光的你！

聞一多把他所渴望出現的奇迹，用象徵的語言表達出來。由於在現實中這個奇迹並沒有出現，聞一多便主觀地鑄造一個內心

的藝術世界，來駕馭及補足外在客觀世界的貧乏。因此，他用來象徵東西文化的「結晶」的意象，不是一個人間的女子，而是「戴著圓光的你！」[138]所以，聞一多把他對現實生活的理想寄託在詩的藝術世界裏，儘管他對外在的理想還是一直在嚮往著。

　　聞一多之所以用象徵的手法，費盡心機去找尋「靈象」(vision)以呈現其理想[139]，是因爲他不肯放棄這個理想，同時，也知道靈象是創作藝術中的試金石，能使作品自然發展成爲一個很緊湊、動人的藝術有機體。但丁(Alighieri Dante, 1265-1321)的《神曲》(The Divine Comedy)便是用這樣的象徵手法去表現自己的靈境。其實，聞一多早已表示他對文學所抱的理想：「『文學』二字在我的觀念裏是個信仰、是個vision、是個理想——非僅僅發洩我的情緒的一個工具」又說「基督教的精神」（不是信仰）在他心裏燒著，使他要替人們盡點力。[140]所以，他願意尋求靈象，以實現他的理想。

　　可見聞一多不單受西方寫實主義的影響，而且也受到象徵主義的洗禮。這樣看來，聞一多所受西方的影響就不是直接的、單純的；而是間接的、複雜的，並且是多層面的。

【註釋】

[1]石靈《新月詩派》，見《文學》，卷8期1（1937年1月），頁128。

[2]《全集·丁》，頁5。

[3]同上，頁20–21。

[4]同上，頁21。

[5]同上，頁21–22。

[6]同上，頁27–28。

[7]同上，頁16-17。

[8]同上，頁26。

[9]同上，頁18。

[10]同上，頁19-20。

[11]《詩集》，頁288；亦見《佚詩》，頁17。

[12]《詩集》，頁335-336；亦見《佚詩》，頁41。

[13]《詩集》，頁337-338；亦見《佚詩》，頁42。

[14]《全集·丁》，頁10-11。

[15]同上，頁7。

[16]同上，頁13-15。

[17]同上，頁15-16。

[18]同上，頁18-19。

[19]同上，頁23-24。

[20]《詩集》，頁269-272；亦見《佚詩》，頁24-26。

[21]《詩集》，頁324-325；亦見《佚詩》，頁32。

[22]《詩集》，頁333-334；亦見《佚詩》，頁40。

[23]《詩集》，頁255-263；亦見《佚詩》，頁1-6。

[24]《全集·丁》，頁11-12。

[25]同上，頁12-13。

[26]同上，頁15。

[27]同上，頁30-31。

[28]同上，頁22-23。

[29]《詩集》，頁273-282；亦見《佚詩》，頁9-14。

[30]《詩集》，頁283-287；亦見《佚詩》，頁18-20。

[31]《全集·丁》，頁6。

[32]同上，頁28-30。

[33]《詩集》，頁321-323；亦見《佚詩》，頁38-39。

[34]見尹肇池編《中國新詩選：從五四運動到抗戰勝利》，頁4。

[35]王力《漢語詩律學》（上海：上海教育出版社，1979），頁851。

[36]《全集·丁》，頁8-9。

[37]同上，頁13。

[38]參考余光中《中西文學之比較》，見古添洪、陳慧樺編著《比較文學的墾拓在台灣》，頁146。

[39]見石靈《新月詩派》，《文學》，卷8期1（1937年1月），頁128。

[40]《全集·丁》，頁6。

[41]王力《漢語詩律學》，頁839。

[42]《全集·丁》，頁5。

[43]同上，頁6。

[44]《詩的格律》，同上，頁247。

[45]F. O. Matthiessen, *The Achievement of T. S. Eliot*. p. 88.

[46]《全集·丁》，頁16。

[47]T. S. Eliot: *Selected Poems* (London: Faber and Faber, 1976), pp. 49-74.

[48]See F. O. Matthiessen, *The Achievement of T. S. Eliot*. pp. 89-90.

[49]《全集·丁》，頁13-14。

[50]王力《漢語詩律學》，頁909-910。

[51]參考梁實秋《談聞一多》，頁77。

[52]全首英詩附錄在余光中《聞一多的三首詩》一文中，見《青青邊愁》（台北：台北純文學出版社，1978），頁190-191。

[53]《全集·丁》，頁10–11。

[54]同上，頁18–19。

[55]同上，頁28–30。

[56]梁實秋《談聞一多》，頁40。

[57]許芥昱《聞一多》，頁81。

[58]見夏志清《現代中國文學感時憂國的精神》，見所著《愛情·社會·小說》（台北：純文學出版社，1972），頁90；亦見許芥昱《聞一多》，頁87，注88。該詩在形式和內容上兼受胡德《縫衣曲》的影響。

[59]《全集·丁》，頁28。

[60]同上，頁27–28。

[61]同上，頁26。

[62]艾略特受多恩(John Donne, 1572–1631）用口語化表現手法的影響，見
F. O. Matthiessen, *The Achievement of T. S. Eliot*. p. 15.

[63]許芥昱《聞一多》，頁100。

[64]梁實秋《談聞一多》，頁96。

[65]Cleanth Brooks, Robert Penn Warren (ed.) *Understanding Poetry*
(New York: Holt, Rinehart and Winston Inc., 1976), p. 35.

[66]關於獨白，對白的定義，參見M. H. Abrams, *A Glossary of Literary Terms* (New York: Holt, Rinehart and Winston Inc., 1971), pp. 43–44.葉維廉也指出聞一多用戲劇獨白、對白的手法，參考所著《語言的策略與歷史的關聯——五四到現代文學前夕》，見《中外文學》，卷10期2（1981年 7月），頁39。

[67]See Betty S. Flowers, *Browning and the Modern Tradition*
(London: The Macmillan Press, 1976), pp. 96–133.

[68]有關社會寫實文學的定義，參考顏元叔《社會寫實文學的省思》，見

《中外文學》，卷6期9，（1978年4月），頁39-41。

[69]王力《漢語詩律學》，頁884-886。

[70]《全集·丁》，頁26。

[71]同上，頁27。

[72]同上，頁28。

[73]王力《漢語詩律學》，頁890。

[74]石靈《新月詩派》，頁129。《詩經》中偶有此例，如《靜女》：「靜女其孌，貽我彤管；彤管有煒，說懌女美。」見朱熹集註《詩集傳》（香港：中華書局，1961），卷二，頁26。

[75]《全集·丁》，頁22。

[76]王力《漢語詩律學》，頁893。

[77]《全集·丁》，頁21-22。

[78]同上，頁21。

[79]同上，頁20-21。

[80]同上，頁26。

[81]同上，頁17。

[82]同上，頁28。

[83]同上，頁5。

[84]同上，頁27-29。

[85]王力《漢語詩律學》，頁890，895-899。

[86]同上。

[87]《全集·丁》，頁5-6。

[88]同上，頁16-17。有關《死水》一詩的押韻，參考Julia C. Lin, *Modern Chinese Poetry: An Introduction.* pp. 86-87.

[89]同上，頁7-9。

[90]同上，頁10。

[91]同上，頁15。

[92]同上，頁15-16。

[93]同上，頁30-31。

[94]同上，頁24-26。

[95]同上，頁18。

[96]王力《漢語詩律學》，頁890，899-901。

[97]《全集·丁》，頁13-15。

[98]同上，頁18。《詩經》亦偶有抱韻之章句。如《思文》：「思文后稷，克配彼天。立有烝民，莫匪爾極。」見朱熹集註《詩集傳》，卷十九，頁227。

[99]同上，頁6。

[100]劉烜《聞一多評傳》，頁164。

[101]屈軼《新詩的踪迹及其出路》，見《文學》，卷8期1（1937年1月），頁17。

[102]見陸耀東《論聞一多的詩》，見《中國現代文學研究叢刊》，1981年1月，頁204。

[103]《全集·丁》，頁112。

[104]艾略特認為一首詩的持久性在於能找到適當的「客觀對應物」（objective correlative），即把客觀事物和背景、事件當作個人特殊的對應物）來傳達詩人的思想和感情。見F. O. Matthiessen, *The Achievement of T. S. Eliot.* p. 58.《死水》這首詩的取題就是很好的例子。

[105]《全集·丁》，頁17。

[106]同上，頁56-59。

[107]《家書》，《全集·庚》，頁69。

[108]《全集·丁》，頁29。

[109]參考葉維廉《語言的策略與歷史的關聯——五四到現代文學前夕》，頁18。

[110]《家書》，《全集·庚》，頁69。

[111]《全集·丁》，頁21。

[112]同上，頁22。

[113]同上，頁21。

[114]同上，頁5。

[115]同上，頁20-21。

[116]參考柳無忌《西洋文學與東方頭腦》，見所著《西洋文學研究》（台北：洪範書店有限公司，1978），頁16-18。

[117]Cleanth Brooks, Robert Penn Warren, *Understanding Poetry*. pp. 295-296.

[118]參考Boris Ford (ed.), *The Pelican Guide to English Literature* 7. part II.

[119]F. O. Matthiessen, *The Achievement of T. S. Eliot*. pp. 19-20. 中國詩論也有此說。如錢謙益《周元亮賴古堂合該序》：「古之為詩者有本焉。《國風》之好色，《小雅》之怨誹，《離騷》之疾痛叫呼，結轖於君臣夫婦朋友之間，而發作於身世僤側時命連蹇之會，夢而囈，病而吟，春歌而溺笑，皆是物也；故曰有本。」（見《有學集》，卷十七，四部叢刊編。上海商務印書館縮印，康熙甲辰初刻本。）

[120]《全集·丁》，頁5。

[121]同上，頁7-9。

[122]同上，頁10。

[123]同上，頁31。

[124]同上，頁15。

[125]同上，頁18。

[126]同上，頁15-16。

[127]同上，頁6。

[128]同上。

[129]《詩集》，頁340-342；亦見《佚詩》，頁47-48。

[130]這次出版的《詩刊》，是獨立性的，不像其前身，只是北京《晨報副刊》的一部分。據說徐志摩曾向聞氏催詩，見梁實秋《談聞一多》，頁86-87。

[131]許芥昱同意梁實秋的看法，認為聞氏那時「在情感上吹起了一點漣漪」而作了《奇迹》這首詩。見許芥昱《聞一多》，頁132；梁實秋《談聞一多》，頁87。臧克家則認為詩中的「你」，是指「美的化身」，是以女性為代表。見所著《聞一多先生詩創作的藝術特色》，頁83。我認為聞一多所盼望的奇迹，是比私人情感更重大的一種願望。

[132]《徵求藝術專門的同業者底呼聲》，《詩文集》，頁79。

[133]參考他所寫《一個觀念》（《全集·丁》，頁21）、《祈禱》（《全集·丁》，頁22-23）等詩。

[134]參考葉維廉《語言的策略與歷史的關聯——五四到現代文學前夕》，頁20。

[135]也許是指：他不想多愁善感地寫充滿浪漫色彩的詩。

[136]葉維廉說，像他在詩的格律裏刑（尋）求音樂、繪畫、建築的溶合，硬要穿著腳鐐去跳舞，參考所著《語言的策略與歷史的關聯——五四到現代文學前夕》，頁20。

[137]他一面形容奇迹來到的神聖時刻，另一方面，卻反諷其發生的可能性極小。

[138]葉維廉說：「這幾乎是象徵主義者馬拉梅所說的：『我說一朵花，不是地面上或花鋪看到的花，而是一朵由文字裏音樂地升起的花！』」見所著《語言的策略與歷史的關聯——五四到現代文學前夕》，頁21。

[139]朱炎《歐美文學創作中的靈象》，見《中外文學》，卷4期1（1975年6月），頁116-127。

[140]《全集·年譜》，頁13。

第七章　結　論

　　在聞一多作為詩人、學者和鬥士的生活層面中，本書集中研究聞一多作為詩人的層面。聞一多不但從事新詩的創作，也對新詩提出不少意見，是一位既重詩歌理論，又有實際創作經驗的詩人。聞一多本著童年在家鄉所接受的舊學基礎，有選擇地吸收清華學校所提供的新學教育，正式地接觸到西洋藝術和文學的世界。在清華讀了十年後，聞一多赴美學習西洋畫。他置身於西方社會，不但學習西洋藝術，也進修英美文學，親身體驗西方文化。聞一多早年所接受的西方教育影響了他對新詩的評論和創作。茲將聞一多的新詩評論和創作，以及他在這兩方面所受西方影響的重點，綜括如下：

　　一、聞一多對新詩所提出的理論，很能配合他實際的創作。從《紅燭》和《死水》兩詩集所收的詩歌中，能具體地看出他把新詩的理論實踐在詩歌裏。因此，他在詩論上受西洋詩歌影響的見解，也一樣地反映在創作中。不過，聞一多的詩歌創作所受西方的影響要比他的詩論來得複雜。

　　二、本書在第三章探討聞一多前期(1919－1923年9月）的詩歌理論時，發現聞一多當時對詩歌的看法，受他早年學習西洋藝術的影響。因此，聞一多從一開始討論新詩時，就認為詩是藝術，詩人必須認識詩是藝術的本質，才能夠成為藝術家，這一見解奠定了他重視詩的藝術的基礎。

　　聞一多認爲詩的藝術不單表現在其方法和形式上，更表現在其思想和精神裏。所以，他指出詩人要有美好的靈魂，才能創造出有益於人的詩。他也認爲詩的創作是一種神聖的活動，詩人必須用嚴肅的態度來對待它。

　　聞一多評賞詩歌的角度和重點很明顯地受到英國十九世紀浪漫主義詩人的影響。他重視詩中的情感、幻象和音節；本著中國傳統文學對這三方面的表現，指出其不足的地方，然後吸取西方浪漫詩人的經驗，成爲他評賞新詩的理論根據。

　　本書在「《紅燭》與西方詩學」一章裏，探討聞一多如何把前期的詩論實踐在第一部詩集《紅燭》裏。作者發現聞一多在創作中，注意到詩的音節、幻象和情感。他改革律詩格律的束縛：學習英國十九世紀浪漫詩人講求詩的節奏；音節放寬後，聞一多又學習英國十九世紀浪漫詩人豐富詩中幻象的方法，反映了西洋詩人用「智」來發展和呈示幻象的表現手法；隨著幻象的豐富，聞一多能更自由、更深入地表達他的情感，尤其明顯的是把這種情感表現在對美、眞、死、愛的主題上，這無疑也是受英國十九世紀浪漫詩人的影響。

　　因此，聞一多前期的詩歌理論和《紅燭》的創作，都明顯地反映出聞一多受英國十九世紀浪漫詩人的影響。但是，聞一多這一期的創作，大抵停留在模仿和學習的階段，還沒有達到創立自己詩歌風格的成熟地步。

　　三、本書在探討聞一多後期第一階段(1923年10月－1931年)的詩歌理論中，發現聞一多這一期的詩論，極力強調詩的內容必須要反映現實人生，主張文學一定得是「人生命的文學」。他在前期的創作中，雖偶有反映現實的主題出現，但是，這是不自覺

的。到了後期的第一階段，聞一多才自覺地強調詩反映現實的重要性，從浪漫主義唯美派過渡到現實主義反映人生的主張。這是他這一期中最明顯的轉變。

聞一多雖然認為詩的內容必須是以現實人生作基礎，但他反對單單為反映人生問題而寫詩，因為這樣就會失去詩的藝術性質。可見聞一多這時還是非常重視詩的藝術本質。他認為眞理、智慧等哲學性的語言都不能喚起審美的情緒和快感；那麼，用這些文字寫成的詩，也就失去藝術旳價值了。聞一多講求詩的藝術性，最明顯的地方是反映在他對詩歌形式的重視。他反對當時絕對寫實主義派詩人模仿自然音節的主張，也反對當時消極浪漫主義派詩人高喊自我表現，不談形式或音節的論調。聞一多也說明講求詩的格律並非復古的理由，而且寫了《詩的格律》一文，具體地說明他對詩的形式的看法。雖然聞一多對詩的形式的看法遭受到一些批評，但是他所寫的《詩的格律》影響了當時的詩壇，使他成為新詩的開路人之一。聞一多對形式的重視，反映出浪漫主義詩人追求藝術美的理想。

因此，聞一多後期第一階段的詩論反映出他對詩歌的肉容是傾向現實主義的主張，但他對詩的形式，卻仍舊保持浪漫主義詩人對藝術美的重視。

本書的第六章探討聞一多如何把他後期第一階段的詩論實踐在他的第二部詩集《死水》裏。《死水》詩集中的詩歌形式很明顯地實踐了聞一多在《詩的格律》一文中所提出的意見。作者發現這部詩集都講求「節的匀稱」，「句的均齊」，也重視詩的「建築美」。同時，聞一多也顯然在詩的「音樂美」上下過功夫。他根據每一首詩的思想內容去製造出不同的節奏，以襯托出詩所

要表達的情感，使詩的內容和形式相輔相成，達到每一首詩的不同效果。聞一多注重「逗」和「頓」，講求節奏感都明顯地受到西洋詩音尺、音步、重讀和輕讀的影響。從聞一多在《死水》詩集中押韻的方式，更明顯地看出他受西洋詩的影響，這包括：陰韻，交韻，隨韻，抱韻等。這些押韻方式都是中國傳統詩中所罕見的。從聞一多《死水》的創作中，可以看出他實踐了「新詩應該有建築美、音樂美、繪畫美」的理論。

此外，聞一多也學習英美詩人用戲劇獨白、對白來豐富詩歌的技巧，加強其現實性；他也學習艾略特所用「客觀對應物」的技巧和聽覺上的幻象(auditory imagination)的表現手法。他還學習西洋詩人所用的象徵手法：尋找靈象以表達心中的心理狀態和理想，這充份地反映了聞一多在詩歌的藝術技巧上受西洋詩人用智性去構思和創作的影響。朱自清也說過：聞一多的《死水》是「靠理智的控制比情感的驅遣多些」。[1]由於聞一多的藝術技巧在理智上、甚至在創作心理上受到西方的影響，這種影響就不是單純的；而是複雜的、多層面的。

聞一多後期第一階段的詩論，強調詩的內容必須反映現實人生，《死水》詩集的創作也反映出人生的主題[2]，不再像《紅燭》詩集有濃厚的浪漫色彩了。《死水》詩集在反映現實的內容上，也受西方意識形態的影響。廿世紀初西方社會達爾文主義的興起、基督教信仰的衰落、世界第一次大戰的爆發，都大大地震撼了西方社會人民，使他們對信仰、國家，甚至對人都失去了信心。人們感到迷失徬徨，生活變成無意義的競爭，環境和命運成了人無法勝過的壓迫。[3]這種意識形態隨著西潮衝擊中國當時的社會，這種影響也反映在聞一多的詩篇中。

　　另一方面，中國當時社會腐敗，正處在推翻傳統禮教的五四時期，知識份子對國家舊有的一套文化傳統起了懷疑，不再一味地擁護和推崇。但對西方所傳來的科技文明，卻一概認爲是進步的、新鮮的，於是產生了文化上的「負影響」（ 'negative' influence ）。[4]這樣一來，推動傳統，要求改革，一味崇洋，成了當時流行的風氣。聞一多身處甚境，自然受當時意識形態的影響。但是聞一多在對當時的中國社會感到失望的同時，仍然是愛惜中國的文化，決不主張一味崇洋。因此，在聞一多的詩中就反映了他對祖國既失望又愛護之情，造成了一種矛盾、痛苦以及無可奈何的思想和感情，這在《死水》的詩集裏得到充分的反映。

　　聞一多後期第一階段的詩論主張反映現實人生，於是在創作的內容上，表現出現實主義的精神，這是與前期最大的不同處。至於在詩歌形式和藝術技巧上，聞一多這時有更完整的理論、更踏實的經驗，把詩的格律實踐在創作上。他在形式的探求方面得到西洋詩的助力很大。[5]在許多人的觀念中，聞一多是「格律派」詩人，忽略了他的詩歌內容的重要性。其實，聞一多提倡格律是爲了忠於「詩是藝術」的本質。但是他並沒有偏重形式而忽略內容，所以，這個觀念是有待糾正的。聞一多在這一期裏把浪漫主義所重視的形式美和現實主義所強調的反映人生的內容調和在一起，達到浪漫主義和現實主義的統一。聞一多這種調和折衷的態度和艾略特很接近。艾略特便是一位既重視詩人的時代感，又重視藝術表現的近代詩人。聞一多這時的詩歌創作表現出他能把從西洋所學到的詩論，融成自己的詩歌理想，寫出反映他個人風格的詩篇，達到他寫詩最成熟的階段[6]，《死水》這首詩便是很好的例子。這樣看來，聞一多後期第一階段受西洋詩的影響便是一般性

的，很難說是受某一位詩人的影響了。所以，聞一多的詩論和詩歌創作，以後期第一階段最爲重要。他對新詩的貢獻，也以這一時期爲最大。[7]同時，也看出他所受西洋的影響也以這一時期最爲深廣。如前文所說，當時著名的詩人徐志摩曾說過他自己及許多寫詩的朋友都受到《死水》作者的影響。

　　四、聞一多後期第二階段（1932年－1946年）的詩論是在本書的第四章加以探討的。聞一多在這一期間裏，不但主張詩的內容要反映現實，而且堅決地表示：詩的內容一定要有其社會意義，才有價值可說。同時，聞一多也不如前期和後期的第一階段那樣重視詩的藝術。他認爲詩的「價值論」（即詩的社會意義），比詩的「效率論」（即詩的藝術效果）更加重要。聞一多在這時的詩論不但反映出「爲人生而藝術」的絕對現實主義思想，他更認爲最偉大的詩人必須像屈原一樣作爲「人民的詩人」。聞一多佩服屈原殺身成仁的精神，認爲詩人應該現身說法，以至身體力行，所以最偉大的一首詩，莫如爲義而死的行動。

　　聞一多本質上是位情感豐富的詩人，他有獻身的浪漫精神。但是，他決不是一位社會分析家。他在後期第二階段的文藝理論受到西方民主精神所影響，也受到當時中國現實政治的衝擊。因此，他的情感完全投入現實政治的鬥爭中。他後來參加民主同盟。在中國抗日戰爭結束前期，各政治組織爲爭取戰後的地位，都在激烈地鼓動學生參加集會和遊行。大學教授中凡是敢暴露事實、說眞話的，都受到學生擁護；否則遭受學生的唾棄。聞一多在當時激烈的政治鬥爭中由於詩人求眞的情感過於單純，難免受到利用而被捲入政治風暴。[8]他一旦投入政治風暴，對詩歌的興趣被被現實政治所掩蓋，再也提不起勁講求詩歌創造上的技巧。所以，

這時的詩論只能看作是聞一多文學生命的歧出。

五、聞一多向來都相信應該勇於接受西方的影響，但同時，他也很注重中國傳統裏的精華。在為新詩找尋新方向時，他先研究中國律詩。他認為中國律詩最能反映中國詩歌的特質。他強調內容應該是中國的，技巧卻可以盡量向西方學習，主張「中學為體，西學為用」，希望在這兩者間取得平衡，使新詩成為兩個文化融合而成的寧馨兒。因此，在研究聞一多受西方影響的同時，我們也注意他是關注傳統的一位詩人。若說聞一多只有受西方影響的成份，而沒有保留傳統的精華，則會流於「藝術決定論」。[9]雖然，本文由於受到題目的限制，比較注重聞氏受西方影響的方面。

就聞氏的詩論和創作所受西方的影響來說，我們可以總括地說，他所受的影響不限於外在的，有歷史證據的方面，這是屬於傳統比較文學的範圍。此外，我們更能從聞一多的詩歌創作中的表現方法和思想感情，發現他受西方影響的痕迹。但最複雜的也許在於他在創作心理上所受的影響[10]，這方面的影響產生了複雜的文學現象，使我們不得不特別注意。至於他在意識形態上所受的西方影響，也不應忽略。因此，聞一多的詩論和創作所受西方的影響，為比較文學研究提供了一個範例，讓我們不單從外在因素，更應從內在因素裏去發現他所受的影響，從而洞察到聞一多離開顯而易見的影響，進入更高的境界，創造自己詩的世界。[11]從這點上說，聞一多實足當新詩的奠基人而無愧色。

【註釋】

[1]朱自清《現代詩歌導論》，見蔡元培等著《中國新文學大系·導論集》

（上海：上海書店影印，1982），頁355。

[2]聞一多寫反映人生的主題，表現了他對社會環境有更深厚廣泛的認識基礎。參考顏元叔《社會寫實文學的省思》，見《中外文學》，卷6期9，頁39-41。

[3]參考柳無忌《西洋文學研究》（台北：洪範書店，1978），頁16-20。

[4]有關「負影響」的定義，參考 Professor Balakian 的話，見 Ulrich Weisstein, *Comparative Literature and Literary Theory* (Bloomington: Indiana University Press, 9173), p. 34.

[5]參考臧克家《聞一多的詩》，見《新華半月刊》，XCI（1956年9月21日），頁150。

[6]J. T. Shaw在《文學影響與比較文學研究》"Literary Indebtedness and Comparative Literary Studies" 一文中，討論「影響與獨特性」時，說過：「具有獨創性的作家不一定是改革家或者最有發明能力的人，他只是一個很成功的創作自己作品的人，將別人的東西經過消化、不露痕迹的滲進他自己的藝術作品的新天地裏面。」見王潤華編譯《比較文學理論集》（台北：國家出版社，1983），頁65-66。亦見 Newton P. Stallknecht & Horst Frenz (ed.), *Comparative Literature: Method and Perspective* (Carbondale and Edwardsville: Southern Illinois University Press, 1971), p. 86.

[7]臧克家說：「不論對現實生活的關心，題材涉及的方面、思想的深度或藝術的表現各方面，《死水》比《紅燭》都前進了一大步。」見所著《聞一多的詩》，頁改革家或147。邵冠華等也有同樣的見解。參考邵冠華《死水》，在洪球編《現代詩砍論文選》（香港：波文書局，1975），頁713。

[8]關於當時現實鬥爭的激烈，可以參考李樹青《悼念業師潘光旦先生》，

見《明報月刊》，期220（1984年4月），頁66-67。

[9]參考Göran Hermerén, *Influence in Art and Literature* (Princeton: Princeton University Press, 1975), p. 4.

[10]心理因素與影響研究之間的關係超出傳統影響研究的範圍，參考 Claudio Guillén的文章："Aesthetics of Influence", *Literature as System* (Princeton: Princeton University Press, 1971), p. 38.

[11]影響研究家 Anna Balakian 指出影響研究中最有價值、最重要的是，在研究中顯示出受影響的作家如何從影響中得到解脫，找到他自己的獨特性。參考S. S. Prawer, *Comparative Literary Studies: An Introduction* (London: Gerald Duckworth & Co. Ltd., 1973), p. 73. 亦見 "Influence and Literary Fortune", *Yearbook of Comparative and General Literature*. XI (1962), p. 29. 聞一多正是能創造自己風格的詩人，如臧克家所指出，聞一多「學習中國古典詩歌和外國詩歌的優良傳統，把它們溶化成爲自己的東西。」見所著《聞一多的詩》，頁148。

參 考 書 目

（以編著者姓名筆劃爲序）

中文專書：

于蕾編著《中國新文學思潮》（香港：萬源圖書公司，1979）。

三聯書店編《聞一多紀念文集》（香港：三聯書店，1980）。

王力《漢語詩律學》（上海：上海教育出版社，1949）。

王潤華編譯《比較文學論文集》（台北：國家出版社，1983）。

王康《聞一多的故事》（香港：萬源圖書公司，1977）。

王康《聞一多傳》（香港：三聯書店，1979）。

王瑤《中國新文學史稿》（上海：新文藝出版社，1954）。

王富仁主編《聞一多名作欣賞》（北京：中國和平出版社，1993）。

尹肇池（溫健騮，古兆申，黃繼持）編《中國新詩選：從五四運
　　動到抗戰勝利》（香港：海山圖書公司，1983）。

中國社會科學院外國文學研究所·外國文學研究資料叢刊編輯委
　　員會編《歐美古典作家論現實主義和浪漫主義》（北京：中
　　國社會科學出版社，1981）。

古添洪、陳慧樺編著《比較文學的墾拓在台灣》（台北：東大圖
　　書有限公司，1976）。

史靖《聞一多的道路》（上海：生活書店，1947）。

史靖《聞一多》（武漢：湖北人民出版社，1958）。

史靖《聞一多頌》（湖北：人民出版社，1978）。

艾略特著，杜國清編譯《艾略特文學評論選集》（台灣：田園出版社，1969）。
朱自清《朱自清文集·第二冊》(香港：香港文學研究社，1972)。
朱自清《標準與尺度》（上海：文光書店，1948）。
朱光潛《西方美學史》（香港：文化資料供應社，1977）。
朱光潛《文藝心理學》（台灣：開明書店，1966）。
朱光潛《詩論》（北京：三聯書店，1984）。
朱光潛《談美書簡》（上海：文藝出版社，1982）。
朱湘《中書集》（上海：生活書店，1934）。
伍蠡甫主編《現代西方文論選》(上海:上海譯文出版社，1983)。
杜甫著，仇兆鰲注《杜詩詳注》（北京：中華書局，1979）。
何文煥輯《歷代詩話》（北京：中華書局，1981）。
李何林編著《近廿年中國文藝思潮論》(上海:生活書店，1945)。
李采靡編選《世界著名作家詩歌選》(香港：上海書局，1961)。
李商隱著，馮浩箋注《玉谿生詩集箋注》（上海：上海古籍出版社，1979）。
何乃正編《激進人生:聞一多隨想錄》(廣州:花城出版社,1992)。
余嘉華、熊朝雋主編《聞一多研究文集》（昆明：雲南教育出版社，1990）。
岑琦《聞一多之歌》(廣州:花城出版社·廣東省新華書店,1986)。
周良沛編《聞一多詩集》（成都：四川人民出版社，1984）。
林曼叔《聞一多研究》（香港：新源出版社，1973）。
宗白華《美學散步》（上海：人民出版社，1980）。
金開誠《文藝心理學論稿》（北京：北京大學出版社，1982）。
金克木《印度文化論集》(北京：中國社會科學出版社，1983)。

季鎮准主編《聞一多研究四十年》(北京:清華大學出版社,1988)。

季鎮准《聞朱年譜》（北京：清華大學出版社，1986）。

武漢大學聞一多研究室編《聞一多研究叢刊(第一集)》（武漢：武漢大學出版社，1989）。

胡適《胡適學術文集·第一集·胡適論學近著》（上海，1935。香港三達出版社重印）。

俞平伯《冬夜》（上海：亞東圖書館，1933）。

俞兆平《聞一多美學思想論稿》(上海:上海文藝出版社,1988)。

柳無忌《西洋文學研究》（台北：洪範書店有限公司，1978）。

洪球編《現代詩歌論文選》（香港：波文書局，1975）。

徐志摩《猛虎集》（北平：新月書店，1931）。

《徐志摩全集·第二輯》（台北：傳記文學出版社，1969）。

夏志清《愛情·社會·小說》（台北：純文學出版社，1972）。

夏濟安《夏濟安選集》（台北：志文出版社，1971）。

袁枚著，郭紹虞、羅根澤主編《隨園詩話》（北京：人民文學出版社，1982）。

時萌《聞一多與朱自清論》（上海：上海文藝出版社，1982）。

孫敦恒編《聞一多集外集》（北京：教育科學出版社，1989）。

郭沫若《女神》（香港：三聯書店，1978）。

郭沫若《歷史人物》（香港：大千出版社，1952）。

郭沫若、朱自清、葉聖陶、吳晗合編《聞一多全集》（香港：南通圖書公司出版部，1978）。

許芥昱著，卓以玉譯《新詩的開路人——聞一多》（香港：波文書局，1982）。

許毓峰等《聞一多研究資料（中國現代文學史資料彙編乙種，上

下冊）》（太原：北岳文藝出版社，1986）。

張若英編《新文學運動史資料》（上海：光明書局，1936）。

張隆溪選編《比較文學譯文集》（北京：北京大學出版社，1982）。

陳世驤《陳世驤文存》（台北：志文出版社，1972）。

郭道暉、孫敦恒合編《聞一多青少年時代詩文集》（昆明：雲南
　　人民出版社，1983）。

梁實秋《談聞一多》（台北：傳記文學出版社，1967）。

梁實秋《梁實秋論文學》（台北：時報文化出版事業有限公司，
　　1978）。

梁錫華編《聞一多諸作家遺佚詩文集》（香港：香港文學研究社
　　，1979）。

梁漱溟《中國民族自救運動之最後覺悟》（北平：京城印書局，
　　1932）。

梁漱溟《東西文化及其哲學》（上海，1930。香港太平洋公司重
　　印）。

梁啓超《飲冰室全集·第十三冊》（上海：中華書局，1936）。

康培初《文學作家時代》（香港：香港文學研究社，1973）。

葉維廉《比較詩學》（台灣：東大圖書有限公司，1982）。

趙家璧主編《中國新文學大系·第一集》（上海：良友總公司，
　　1936）。

聞一多《聞一多書信選集》（北京：人民文學出版社，1986）。

聞一多《聞一多研究叢刊》（武昌：武漢大學出版社，1989）。

聞黎明《聞一多傳》（北京：人民出版社，1992）。

聞黎明、侯菊坤編；聞立鵬審定《聞一多年譜片編》（武漢：湖
　　北人民出版社，1994）。

聞立鵬、張同霞編《聞一多，1899－1946》（北京：文物出版社，1990）。

鄭樹森《文學理論與比較文學》（台北：時報出版公司，1982）。

鄭樹森、周英雄、袁鶴翔合編《中西比較文學論集》（台北：時報出版公司，1980）。

劉勰著，范文瀾注《文心雕龍注》（台灣：開明書店，1958）。

劉若愚著，杜國清譯《中國文學理論》（台北：聯經出版事業公司，1981）。

劉若愚著《中國詩學》（台北：幼獅文化公司期刊部，1977）。

劉若端編《十九世紀英國詩人論詩》（北京：人民文學出版社，1984）。

劉烜《聞一多評傳》（北京：北京大學出版社，1983）。

劉綬松《中國新文學史初稿》（北京：作家出版社，1956）。

蔡元培等著《中國新文學大系‧導論集》（上海：上海書店影印，1982）。

魯非凡尼《聞一多作品欣賞》（廣西：人民出版社，1982）。

錢鐘書《管錐篇四冊》（香港：中華書局，1980）。

錢鐘書《談藝錄》（香港：龍門書店影印、上海開明書局版，1965）。

中、日文論文：

丁彥《西方人眼中的魯迅與聞一多》，《揚塵集》（新加坡：上海書局，1968），頁86-95。

人民文學出版社《新文學史料》編輯組，《聞一多書信選輯〔清華學生時期(1916－1922)〕》，《新文學史料季刊》，期3

（1983年），頁181-195。

王達津《聞一多先生與〈楚辭〉》，《社會科學戰線》，期1
　　（1980年），頁255-257。

王懿《聞一多的道路》，《文藝生活》，期26（1946年9月），
　　頁2-3。

中國比較文學委員會編《中國比較文學·創刊號》（1984年10月）。

中國社會科學院哲學研究所編《中國哲學年鑒·1983》（上海：
　　中國大百科全書出版社，1983）。

司馬長風《聞一多評郭沫若》，《中華月報》（1974年9月），
　　頁40-41。

古添洪《中西比較文學：範疇、方法、精神的初探》，《中外文
　　學》，卷7期11（1978年4月），頁74-94。

石靈《新月詩派》，《文學》，卷8期1（1937年1月），頁128。

史毅《聞一多扔出了白手套》，《新觀察》，期1（1977年8月）
　　頁46。

朱文長《聞一多是如何成為「民主鬥士」的？》，《傳記文學》
　　卷38期5（1981年5月），頁20-26。

朱自清《聞一多先生怎樣走著中國文學的道路》，《文學雜誌》
　　卷2期5（1947年10月），頁6-15。

朱自清《聞一多先生與中國文學》，《國文月刊》（1946年8月
　　20日），頁1。

朱炎《歐美文學創作的靈象》，《中外文學》，卷4期1（1975年
　　6月），頁116-127。

伍大希《追隨一多先生左右》，《新文學史料季刊》，期3（總
　　期20，1983年），頁189-195。

吳唅《哭一多父子》，《國文月刊》，期46(1946年8月20日），頁31-32。

何達《聞一多・新詩社・西南聯大》，《八方文藝叢刊》輯1(1979年9月），頁306-314。

李樹青《悼念業師潘光旦先生》，《明報月刊》，期220（1984年4月），頁66-67。

呂正惠《聞一多的成就有多少？》，《國文天地》(1990年6月)，頁44-48。

宋冬陽《盛放的菊花：聞一多的詩與詩論》，《文季》（1984年3月），頁12-33。

余光中《聞一多的三首詩》，《青青邊愁》（台北：純文學出版社，1978），頁187-196。

周來祥《東方與西方古典美學理論的比較》，轉引自《中國哲學年鑒・1982》（1982年11月），頁176。

屈軼《新詩的踪迹及其出路》，《文學》，卷8期1(1937年1月)，頁7-25。

茅盾《論初期白話詩》，《文學》，卷8期1(1937年1月)，頁108。

俞銘傳《悼聞一多師》，《文藝復興》，卷3期5（1947年），頁539。

馬君玠《記詩人聞一多》，《文藝復興》，卷3期5（1947年），頁540。

馬敍倫《聞一多先生殉國一周年》，《大學》，卷6期3-4（1947年8月），頁15-16。

夏康農《劃時代的死者──紀念聞一多教授殉國一周年》，《大學》，卷6期3-4（1947年8月），頁17-19。

袁鶴翔《中西比較文學定義的探討》，《中外文學》，卷4期3（1975年8月），頁24-51。

荃默《聞一多》，《電影文學》，期2（1959年），頁30-58。

秋吉久紀夫《聞一多について》，《變革期の詩人たち——現代中國詩人論》（東京：飯塚書店，1964年），頁32。

徐志摩《詩刊弁言》，見瘂弦、梅新主編《詩學》輯1(1976年)，頁421-424。

浦薛鳳《憶清華級友聞一多》，《傳記文學》，卷39期1(1981年7月)，頁64。

張漢良《比較文學研究的範疇》，《中外文學》，卷6期10(1978年3月)，頁94-113。

陸耀東《關於聞一多的幾首逸詩》，《武漢大學學報》，期1(1978年)，頁72-73。

陸耀東《論聞一多的詩》，《中國現代文學研究叢刊》（北京：北京出版社，1981），頁178-205。

陳山《論新月詩派在新詩發展中的歷史地位》，《中國現代文學研究叢刊》（1982年1月），頁99-130。

陳丙瑩《論聞一多的思想發展》，《文學評論叢刊》輯2，頁213-238。

梁實秋《略談新月與新詩》，瘂弦、梅新主編《詩學》，輯1(1976年)，頁408。

梁敬錞、浦薛鳳、賴景瑚、朱文長《〈聞一多是如何成為「民主鬥士」的？〉的回聲》，《傳記文學》，卷39期1（1981年7月)，頁29-30。

梅新《葉公超談「新月」》，瘂弦、梅新主編《詩學》，輯1(19

76年），頁408。

黃應良《聞一多的新詩論》，《論馬華文藝的獨特性》（新加坡：南洋大學創作社，1960），頁21-33。

黃維樑《聞一多對新詩形式的啓示》，《文星》（1986年11月），頁120-123。

彭蘭《風範長存──紀念聞一多師八十誕辰》，《北京大學學報·哲學社會科學版》，期5（1979年），頁35-42。

費振剛《聞一多先生的詩經研究──爲紀念聞一多先生八十誕辰作》，《北京大學學報·哲學社會科學版》，期5(1979年)，頁58-66。

馮夷《混著血絲的回憶》，《文藝復興》，卷2期4(1946年11月)頁392。

葉維廉《語言的策略與歷史的關聯──五四到現代文學前夕》，《中外文學》，卷10期2（1981年7月），頁4-43。

董楚平《從聞一多的〈死水〉談到格律詩的問題》，《文學評論》（1961年8月），頁74-84。

楊景祥、李培澄《評聞一多的文藝觀》，《中國現代文學研究叢刊》輯3（1983年），頁185-205。

聞一多《眞的屈原》，《北京大學學報·哲學社會科學版》，期5（1979年），頁31。

聞一多《人民的世紀》，《北京大學學報·哲學社會科學版》，期5（1979年），頁31-32。

聞一多《致聞家駟》(1923年6月14日)，《北京大學學報·哲學社會科學版》，期5（1979年），頁33。

聞一多《致游國恩》(1933年7月2日)，《北京大學學報·哲學社

會科學版》，期5（1979年），頁34。

聞一多《唁詞——紀念三月十八日的慘劇》，《社會科學戰線》
期4（1982年），頁56。

聞山《念聞一多先生》，《詩刊》（1961年7月10日），頁71-74。

聞山《教我學步的人》，《人民日報》（1956年7月14日），頁8。

趙仲邑《聞一多先生回憶片斷》，《社會科學戰線》，期1(1980
年），頁254-255。

趙寶煦《詩人聞一多》，《北京大學學報·哲學社會科學版》，
期5（1979年），頁43-46。

鳳子《寫在一多先生的周年祭》，《清華周刊——聞一多先生死
難周年紀念特刊》，1947年，頁38。

臧克家《聞一多先生的藝術創作》，《美術》（1978年4月），頁
9-11。

臧克家《聞一多的詩》，《新華半月刊》，XCI（1956年9月），
頁145-150。

臧克家《聞一多先生詩創作的藝術特色》，《詩刊》，期4(1979
年），頁77-84。

臧克家《海——一多先生回憶錄》，《文藝復興》，卷3期5（19
47年），頁536-538。

劉烜《聞一多的政治觀、藝術觀、歷史觀》，《新文學論叢》，
期3-4（1980年），頁165-183；166-178。

劉烜《聞一多的集外詩》，《北方論叢》，期4（1981年），頁50
-55。

劉烜《聞一多的手稿》，《讀書》，期6-7(1979年)，頁103-111
；133-140。

劉烜《論聞一多的新詩》，《北京大學學報·哲學社會科學版》
　　期5（1979年），頁47-57。

鄭臨川《憶一多師》，《國文月刊》，期26(1947年)，頁27-30。

潤西《聞一多偽裝民主人士的眞象大白》，《藝文志》，期198
　　（1982年3月），頁7-8。

橫山永三《〈聞一多とその詩〉の一考察》，《山口大學文學會
　　志》，卷12期1，頁1-21。

穆紫荷《吳唅和聞一多的友誼》，《民報》，卷4期2，(1968年)
　　頁22-26。

顏元叔《社會寫實文學的省思》，《中外文學》，卷6期9（1978
　　年4月），頁39-41。

藍棣之《論新月派詩歌的思想特徵》，《中國現代文學研究叢刊
　　》（1982年1月），頁73-98。

羅念生《詩的節奏》，《文學評論》，期3（1959年6月25日），
　　頁18-24。

饒孟侃《夏夜憶亡友聞一多》，《人民文學》（1962年7月），
　　頁44。

西文論著：

Abrams, M. H. *The Mirror and the Lamp: Romantic Theory
　　and the Critical Tradition*. London:Oxford University
　　Press, 1971.

Abrams, M. H. *A Glossary of Literary Terms*. New York:
　　Holt, Rinehart and Winston, Inc., 1971.

Abrams, M. H. *English Romantic Poets*. London: Oxford

University Press, 1975.

Berlin, Isaiah. Preface to *The Mind of the European Romantics*, by H. G. Schenk. London: Constable & Co. Ltd., 1966.

Bosanquet, Bernard. *Three Lectures on Aesthetic*. London: Macmillan & Co. Ltd., 1915.

Brooks, Cleanth, and Warren, Robert Penn, ed. *University Poetry*. New York: Holt, Rinehart and Winston Inc., 1976.

Cheng, Chi-Hsien. "Eau Morte: I'oeuvre poétique de Wen Yi-duo (1899–1946)." Paris VII, 1971. (Doctorat de 3ᵉ cycle).

Chow, Tse-Tsung. *The May Fourth Movement: Intellectual Revolution in Modern China*. Cambridge, Mass.: Harvard University Press, 1960.

Collingwood, R. G. *The Principles of Art*. Oxford: Clarendon Press, 1938.

Crawford, Donald W. *Kant's Aesthetic Theory*. Madison: The University of Wisconsin Press, 1974.

Eliot, T. S. *Selected Poems*. London: Faber and Faber, 1976.

Eliot, T. S. *The Sacred Wood*. London:Methuen & Co. Ltd., 1974.

Flowers, Betty S. *Browning and the Modern Tradition*. London: The Macmillan Press, 1976.

Ford, Boris, ed. *The Pelican Guide to English Literature 5 and 7*. Middlesex: Penguin Books, 1978.

Forman, Maurice Burton, ed. *Letters*. New York, 1948.

Francis, Elizabeth A. *Tennyson*. Englewood Cliffs, New Jersey: Prentice-Hall, Inc., 1980.

Furst, Lilian. *Romanticism in Perspective: A Comparative Study of Aspects of the Romantic Movement in England, France and Germany*. London; 1969.

Garrod, H. W., ed. *Keats: Poetical Works*. London: Oxford University Press, 1976.

Garver, John. "Wen I-to: Ideology and Identity in the Genesis of the Chinese Intelligentsia." Ph. D. dissertation, Pittsburgh University, 1980.

Goldman, Merle, ed. *Modern Chinese Literature in the May Fourth Era*. Cambridge, Mass.: Harvard University Press, 1977.

Grieder, Jerome B. *Intellectuals and the State in Modern China*. New York: The Free Press, 1981.

Guillén, Claudio. *Literature as System: Essays towards the Theory of Literary History*. Princeton University Press, 1971.

Hawkes, David. *Ch'u Tz'u: The Songs of the South*. Boston: Beacon Press, 1962.

Hermerén, Gören. *Influence in Art and Literature*. Princeton: Princeton University Press, 1975.

Hsu, Kai-yu. "The Intellectual Biography of A Modern Chinese Poet: Wen I-to (1899-1946)." Ph. D. dissertation, Stanford University, 1959.

Hsu, Kai-yu. "The Life and Poetry of Wen I-to," *Harvard Journal of Asiatic Studies* XXI, 1958, pp. 134-179.

Hsu, Kai-yu. *Twentieth Century Chinese Poetry: An Anthology*. Garden City, N. Y.: Doubleday & Co., 1963.

Hsu, Kai-yu. *Wen I-to*. Boston: Twayne Publishers, 1980.

Hu, Shih. *The Chinese Renaissance*. New York: Paragon Book Reprint Corp., 1963.

Lin, Hulia C. *Modern Chinese Poetry: An Introduction*. Seattle: University of Washington Press, 1972.

Matthiesson, F. O. *The Achievement of T. S. Eliot*. New York & London: Oxford University Press, 1958.

McDougall, Bonnie. *The Introduction of Western Literary Theories into Modern China (1919-1925)*. Tokyo: The Centre for East Asian Cultural Studies, 1977.

Muir,Kenneth, ed. *John Keats: A Reassessment*. Liverpool: Liverpool University Press, 1969.

Ng,Seng Huat."Wen Yiduo, Sa Vie et SON OEUVRE POETIQUE." Ph. D. dissertation, University of Paris, 1969-70.

Perry, Bliss. *A Study of Poetry*. New York, 1920.

Prawer, S. S. *Comparative Literary Studies: an introduction*. London: Gerald Duckworth & Co. Ltd., 1973.

Priestley, F. E. L. *Language and Structure in Tennyson's*

Poetry. London: William Clowes & Sons Ltd., 1973.

Shaw, Yu-ming. "Wen I-to: The Early Life and Writings of a Modern Chinese Intellectual, From 1899-1933." University of Notre Dame, 1974.

Stallknecht, Newton P. and Frenz, Horst. *Comparative Literature: Method and Perspective*. Carbondale & Edwardsville: Southern Illinois University Press, 1971.

Tagore, Amitendranath. *Literary Debates in Modern China 1918-1937*. Tokyo: The Centre of East Asian Cultural Studies, 1967.

Trilling, Lionel. *Matthew Arnold*. London: Allen and Unwin, 1939.

Tung, Constantine. "The Search for Order and Form: The Crescent Moon Society and the Literary Movement of Modern China, 1928-1933." Ph.D. dissertation, Claremont Graduate School, 1971.

Uberoi, Patricia. "Rhythmic Techniques in the Poetry of Wen I-to," *United College Journal*. Hong Kong, VI, 1967-68, pp. 1-25.

Wang, Y.C. *Chinese Intellectuals and the West 1872-1949*. Chapel Hill: The University of North Carolina Press, 1966; reprint ed., Taiwan: Rainbow-Bridge Book Co., 1971.

Wellek, René. *Concept of Criticism*. New Haven: Yale University Press, 1963.

Weisstein, Ulrich. *Comparative Literature and Literary Theory*. Bloomington: Indiana University Press, 1973.

H. Frenz, H. H. Remak and U. Weisstein ed. *Yearbook of of Comparative and General Literature*. XI, 1962. Bloomington: Indiana University Press. Annual Bibliography.